POÈMES

Pierrette Champon - Chirac

POÈMES

© 2025 Pierrette Champon - Chirac

Édition : BoD · Books on Demand, 31 avenue Saint-Rémy, 57600 Forbach, bod@bod.fr

Impression : Libri Plureos GmbH, Friedensallee 273, 22763 Hamburg (Allemagne)

ISBN : 978-2-3225-5470-6

Dépôt légal : Décembre 2024

Préface

Il me suffit d'ouvrir les yeux sur le monde qui m'entoure pour en capturer la beauté et l'ancrer dans les mots. Chaque poème est une empreinte de mes émotions, une fenêtre ouverte sur l'instant.

J'ai eu le privilège de parcourir des horizons variés : la banlieue lyonnaise, aux portes de l'effervescence urbaine, l'Afrique, aux teintes chaudes et vibrantes et Réquista, ce coin d'Aveyron où la nature règne en souveraine. Ces lieux ont nourri mon inspiration, m'offrant une palette riche et diverse pour mes écrits.

Les pages qui suivent chantent la nature et ses habitants. Rien n'est né par hasard : chaque vers porte l'histoire d'un moment saisi, d'un souffle de vent, d'un rayon de soleil ou d'une goutte de pluie.

Lorsque j'ouvre ma porte sur le jardin, les saisons m'accueillent tour à tour : la douceur d'un printemps fleuri, l'ardeur d'un été brûlant, les murmures de l'automne et la sérénité de l'hiver. Le vent qui danse dans les branches, la pluie qui caresse la terre, et même la sécheresse qui fait craquer le sol, tout m'inspire. Les travaux du jardinage, ce dialogue intime avec la terre, viennent aussi nourrir ma plume.

En flânant dans les chemins, ce sont les paysages, les villages ancestraux, la rivière qui serpente et cette ruralité pleine de vie qui se déposent sur mes pages. Et que dire des animaux, compagnons fidèles et silhouettes familières : chiens joyeux, oiseaux mélodieux, ânes tranquilles, chevaux majestueux, chèvres curieuses et brebis paisibles. Ils peuplent mon univers et enrichissent mes vers.

Ces poèmes sont des fenêtres ouvertes sur mes instants d'émerveillement. J'espère qu'en les lisant, vous ressentirez cette connexion intime avec la nature et la vie.

Bonne lecture, et que ces mots vous transportent dans un univers de simplicité et de poésie.

La poésie

Une étoile filante, au fond du ciel a lui
Et sa clarté subite a déchiré la nuit,
Dans l'espace, éclatant comme un feu d'artifice,
M'inondant de lumière au gré de son caprice.

Elle fit s'éloigner de moi l'obscurité.
La nuit s'enfuit, le jour fit place à la clarté.
En m'apportant l'espoir nécessaire à ma vie :
L'étoile au bel éclat, c'était la poésie.

La nuit

La nuit vient de tomber, les façades s'éclairent,
Chaque vitre à son tour devient un luminaire.
On dirait que le feu, caché par les rideaux,
A découpé l'espace en carrés bien égaux.

La nuit vient de tomber et la retraite sonne.
Au pied de chaque immeuble, on ne voit plus personne.
Fuyant l'obscurité, les gens rentrent chez eux.
L'ombre n'est même pas propice aux amoureux.

La nuit vient de tomber, une étoile scintille,
Et le croissant d'argent dans un coin du ciel brille.
Au loin, une ombre passe : un chien vient d'aboyer,
Et jusqu'au lendemain tout dort dans le quartier.

Soleil couchant

Ses rayons éclatants, qui chassent les nuages,
Effleurent l'horizon dans un pas de velours,
Dessinent dans le ciel d'étranges paysages,
Où l'astre apaisé glisse en sa fin de parcours.
En tout lieu se diffuse une flamme dorée,
Tandis que l'air s'embrase en de chaudes lueurs,
L'instant suspend le temps et, l'âme émerveillée
Ressent un doux frisson aux confins des couleurs.
Et chaque soir, Phébus peint la vaste étendue,
Son pinceau flamboyant caresse l'horizon,
Puis cède à la nuit sombre une scène ténue.
Le soleil disparu, tout dort dans la maison.

Dans le parc du château

Dans le parc du château, je vais me promener
Lorsque le vent du Nord se met à malmener
Les arbres jaunissants quand arrive l'automne
Et m'asseoir sur un banc, sans attendre personne.
Sous le ciel gris de fer, je me prends à rêver.

Je crois entendre au loin la mer se déchaîner.
Tout en fermant les yeux, j'arrive à discerner
La tempête grondant sur la côte bretonne,
Dans le parc du château.

Mais qu'est-ce qui pourrait ici me ramener ?
C'est le souffle du vent qui fait se ranimer
L'image de l'absent, alors je m'abandonne.
À son souvenir cher, tout mon être frissonne
Et, mon cœur en émoi semble le deviner,
Dans le parc du château.

L'automne arrive

Les arbres de nouveau s'habillent pour l'automne,
Leur parure brillant sous le ciel gris de plomb,
Parfois dans le brouillard, ou l'orage qui tonne,
Et l'été désarmé, s'efface à l'horizon.
Un tapis mordoré, sur la mousse s'étale,
Formé de feuilles d'or aux contours un peu flous,
Tandis qu'un vent joueur, tourbillonne en spirale,
Annonçant que l'hiver viendra bientôt vers nous.
L'eau, qu'on n'attendait plus, déferle sur les terres,
Défiant, à son tour, les calculs des savants.
Elle apporte la peur chez leurs propriétaires
Lorsque l'orage éclate en grondements pesants.

Puis, le changement d'heure allonge les veillées,
Raccourcissant le jour près d'un feu de sarments,
C'est le temps bien venu des châtaignes grillées
Qui provoquent toujours de beaux rassemblements.

La grillée de châtaignes

Octobre est arrivé, la forêt est en fête
Car elle a revêtu ses feuillages dorés
Et les vieux châtaigniers, courbés, baissent leur tête
Offrant aux ramasseurs leurs beaux marrons lustrés.

La plupart, des séniors, tels qu'on les imagine,
(Les jeunes de nos jours sont plutôt casaniers)
Car pour les ramasser, il faut courber l'échine
Pour qu'ils passent des mains, au fond de leurs paniers.

Et petit à petit, les paniers se remplissent.
Ils y sont arrivés, ils sont victorieux,
Sur leurs lèvres fleurit un sourire complice
Car malgré leur grand âge, ils ne sont pas si vieux.

Pour les Aînés du club ce sera la surprise
Quand ils apporteront ces délicieux trésors
Ils ne s'attendaient pas à cette gourmandise
Due à ce petit groupe ayant fait des efforts.

Et le jour du goûter, lorsque le feu crépite,
Que se répand dans l'air le parfum des genêts,
Tous iront dans la salle, avant qu'on les invite,
Car les participants sont tous de fins gourmets.

Et c'est ainsi que chaque année,
La tradition est respectée
Grâce à cette belle grillée.

La chèvre

Depuis la nuit des temps, la chèvre est réputée
Pour son lait riche et savoureux,
Et Zeus, lui-même, fut nourri par Amalthée
Pour devenir le roi des dieux.

Plus qu'un autre animal, son âme singulière
Est pleine de vivacité.
Elle donne son lait, en tendre bonne mère,
Prouvant sa générosité.

Caressante et docile, elle chérit son maître
Et ne veut pas le décevoir.
Pour ne point le gêner, elle va faire naître
Ses petits, juste avant le soir.

On la voit dans les champs, altière, exubérante,
Danser avec légèreté,
Individualiste, en tout indépendante,
L'emblème de la liberté.

Déception

Dans le fond du jardin, se cachait une rose,
À qui tu prodiguais des soins pleins de ferveur.
Tu veillais chaque jour, comme on veille la chose
Qu'on chérit en secret, précieux trésor du cœur.
Tu semblais très pressé que son bouton fleurisse,
L'abritant de la pluie et des vents indiscrets.
Puis, à l'aube bientôt, elle ouvrit son calice,
Offrant sa belle image à tes yeux enivrés.
Pour une autre que moi, lorsque tu l'as cueillie,
Réservant son parfum pour charmer tes amours,
En silence le soir, en me sentant trahie,
J'aurais bien souhaité mettre fin à mes jours.

Le papillon

Au milieu d'un bouquet, caché parmi les fleurs,
Un joli papillon, de multiples couleurs,
Reposait en silence, offert à la lumière,
Comme un joyau vivant sur la rose trémière.
Quand j'avançai la main, prête pour la cueillir,
Un frisson l'anima, me forçant à faiblir.
Je regardais partir l'insecte si fragile,
Tandis qu'il s'élevait, recherchant un asile.
Ses ailes s'irisaient des éclats du soleil,
Reflets momentanés d'un monde sans pareil.
Alors, un souvenir revint à ma mémoire
Celui de mes enfants, image aléatoire,
Qui prirent leur envol, guidés par l'avenir,
Pour suivre leur chemin, loin de moi s'accomplir.
Je revois ce moment qui jamais ne s'oublie
Et qui plonge mon cœur dans la mélancolie.
Je me souviens de tout, seule, au fond du jardin,
Le regard embrumé, le cœur lourd et chagrin.
Cette rose trémière accueille mes pensées
Par le souffle du vent très vite dispersées.
Sachant qu'ils sont heureux, dans l'ombre, je renais,
Même s'ils sont absents je retrouve la paix.

La tonte

Dans ses bras vigoureux, l'homme empoigne la bête.
Il l'assoit sur le sol, lui relève la tête.
Puis, dans les bêlements fusant à l'unisson,
La tondeuse en douceur passe sous la toison.
Docile, l'animal semble se laisser faire.
Il faut le maintenir, assis sur son derrière.
Il sera dévêtu presque en un tour de main,
Dans les exhalaisons de chaleur et de suint.
Montrant sa nudité, quand sa robe la quitte,
La brebis, tout à coup, paraît bien plus petite.
Des frémissements secs font onduler sa peau.
D'un bond elle rejoint le reste du troupeau.

Inséparable duo

Lorsque je vais sortir mon chien,
C'est souvent lui qui me promène.
Sa joie éclate le matin,
Quand, tirant sa laisse, il m'entraîne.
Son élan m'ouvre le chemin.
Tout blanc, sauf une tache noire,
Comme un masque sur son museau,
Un œil cerné d'un cercle ivoire…
À mes yeux, c'est lui le plus beau !
Sa venue est toute une histoire.

On nous voit passer tous les deux,
Tels des amis unis de l'âme.
Son pas léger, son air joyeux
Me font lui pardonner le drame
Provoqué par le sol boueux.
Au bout de sa laisse, il me tire.
Lorsqu'au petit matin, il sort.
Son regard moqueur semble dire :
« Alors, qui sera le plus fort ? »
Il est le guide qui m'inspire.

La cascade

Sereine, elle serpente à l'ombre du sapin,
Se réveille et déborde en gerbes d'étincelles,
Glisse sur les rochers, se fracasse et soudain
S'étale sur la mousse en un bruissement d'ailes.

Et son eau pure prend l'éclat d'un diamant
Lorsque d'un doigt léger le soleil la caresse.
Il est l'auteur de son scintillement
Avant que dans l'écume, elle ne disparaisse.

Quel merveilleux collier dont le fil s'est rompu
Laissant s'éparpiller les perles couleur jade !
Et jusqu'au dernier bond, dans un flot continu,
Elle va, dans un lac, se perdre la cascade.

Le jardin dévasté

Il avait travaillé sans relâche, au jardin,
S'arrêtant quand le jour décline,
Ne prenant nul repos, levé tôt le matin,
Vers la terre, il courbait l'échine.

Courgettes se gonflant au soleil matinal,
Haricots, petits pois, tomates en cascade,
Sous le regard ému de l'homme triomphal,
Tout chantait l'abondance en une sérénade.

Par un jour de juillet, de gros nuages noirs,
Porteurs d'un très mauvais présage,
Ont réduit à néant ses efforts, ses espoirs,
Ce fut à l'instant le saccage.

Le découragement s'est emparé de lui,
Il demeure impuissant devant le vent, la grêle.
Le ciel redevient bleu car la tempête a fui
En laissant les débris des tiges pêle-mêle.

Mais devant les dégâts de l'orage pervers
Bien vite, son front se déride ;
En homme sage il sait faire face aux revers
Puisque c'est le temps qui décide.

Le printemps

Le printemps est venu mettre un terme à l'hiver
Et nous allons, enfin, retrouver le grand air
Loin du frimas qui rend maussade.
Rangeons dans les placards manteaux, bottes, gilets,
Pour revêtir le short, laissant voir les mollets.
En route pour la promenade !

Le soleil éclatant nous invite à partir
Pour aller n'importe où, marcher, nous dégourdir
En profitant de la nature.
Le lierre vigoureux s'enroule avec douceur,
Enrobant les vieux murs d'un voile de fraîcheur,
Pour masquer des âges l'usure.

De simples pissenlits, par le vent, caressés,
Les renoncules d'or tapissent les fossés
En s'unissant aux primevères.
Le cadre bucolique, enjolivé de fleurs,
L'espace d'un instant, a repris des couleurs
Sublimant des lieux ordinaires.

Le village s'éveille et, le monde rural,
Dès les premiers beaux jours, a repris le moral,
S'ébrouant de sa léthargie.
Les gestes familiers, retrouvant leur vigueur,
Mêlent jeunes et vieux dans une même ardeur,
Qui redouble leur énergie.

Le noyau d'avocat

Dans un pot près de la fenêtre,
Je l'ai planté pour le voir naître
Ce noyau lisse, au cœur secret,
Un trésor fragile, imparfait.
Il est un bout de mon histoire
Qui remonte dans ma mémoire
Grâce au noyau si précieux,
Gardien discret, cher à mes yeux.
Et, lors de la première pousse,
J'entendis l'écho de la brousse,
Évoquant un ami lointain
Et son avenir incertain.
C'était une part de ma vie
Dont je gardais la nostalgie.
Chaque matin, pleine d'espoir,
Je ne rêvais qu'à le revoir.
Et j'ai mis toute ma tendresse
Afin que la tige se dresse.
Je prodiguais des soins constants,

Passant près de lui tout mon temps.
Mais le beau souvenir s'efface
Le cruel frimas vient, de glace,
Ne laisser qu'un rêve mourant
Qu'emporte un vent exubérant.
Et dans un soupir nostalgique,
S'éteint l'image de l'Afrique.

La traite

Dans l'odeur du fumier imprégnant ses habits,
La fermière s'affaire à traire les brebis.
Le lait pur et mousseux gicle dans l'écuelle,
Sort en jets continus de la lourde de mamelle.
Ses mains viennent, et vont en gestes saccadés
Auxquels les animaux se sont accommodés.
Elle adresse un mot doux à celle qu'elle flatte
De peur de recevoir, soudain, son coup de patte.
S'élève dans le noir un profond bêlement
Qui s'enfle et se termine en un chevrotement.
Une autre, au pis gonflé, déjà s'impatiente.
En espérant son tour, chacune se lamente.

Fidèle ami,

Lorsque ton doux portrait veille sur ma retraite,
Un souffle du passé ranime mon émoi.
Les jours où ta présence égayait la tempête
Ont gravé dans mon cœur des souvenirs de toi.
Tu reposais ta tête au creux de mon épaule,
Ton souffle murmurant des secrets à demi,
Tu faisais des efforts pour que ton nez me frôle
Comme pour sceller là, le lien qui nous unit.
Je redoutais souvent une cruelle absence,
Qu'un autre horizon charme et détourne tes pas,
Que ton cœur vagabond taise ma bienveillance,
Et qu'un jour, en fuyant, tu ne reviennes pas.
Lorsque je m'éloignais, tu guettais sur la porte,
Prisonnier de l'attente, en fidèle gardien.
Tes yeux, chargés de pleurs, me transmettait, plus forte
Cette peur d'abandon, ton angoisse de chien.
Quand je quittais la pièce, un souffle de détresse,
Chargé de désespoir, habitait ton regard.
Le seuil devenait lourd et ta tendre tristesse,
M'appelait à rentrer au bercail, sans retard.

Le jardin secret

Secrètement je vais, pour écrire des vers,
Dans le jardin désert où m'attire la Muse.
Je réponds à l'appel et, des travaux divers,
Dons du quotidien, je m'échappe par ruse.
Sous la voûte des cieux, où le vent doux s'endort,
Je goûte le silence et je laisse mon sort
S'unir à l'horizon d'une scène infinie,
Où l'ombre et la lumière, en un subtil accord,
Dansent sur les cailloux, tapissant le décor,
Et m'offrent un tableau qu'embellit l'harmonie.
Je hume avec délice un doux parfum de fleur,
Celui du chèvrefeuille et son odeur m'enivre.
Sous l'arche de verdure, un souffle intérieur
S'éveille doucement, prêt à me rendre libre.
Je me laisse emporter vers un monde irréel,
Je suis sur une étoile et je touche le ciel.
Chaque branche qui chante apaise une colère.
Mon rêve interrompu par l'appel du coucou,
Je me vois revenir, fidèle malgré tout,
Dans ce jardin divin où règne un doux mystère.

Masques

Ô masques africains, masques énigmatiques,
Vous gardez enfouis mystères et secrets.
Vous êtes habités des puissances magiques,
Esprits des temps anciens, gardiens de vos forêts.
Vos visages figés, qui hantent le silence,
Chuchotent aux vivants les murmures des morts.
Dans l'ombre inquiétante, où rôde leur présence,
Vous veillez sur des lieux aux funèbres décors.
Le soir, auprès du feu, la lueur d'une braise
Anime sur vos fronts les rayons frémissants.
Vos airs mystérieux, font naître le malaise.
Quelle âme se tapit sous vos traits angoissants ?

Un sorcier disparu, pour sortir du silence ?
Souhaitant d'un regard, invisible et puissant,
Illuminer la nuit de sa sourde présence ?

Le vent

Dans son souffle, le vent qui fait plier les branches
Emporte en gémissant le fiel de mes soupirs.
Il déferle sur moi samedis et dimanches
Et brise mon espoir en tuant mes désirs.

Sans pouvoir se calmer, écrasant le silence,
 Figeant mes sens éteints dans un profond sommeil.
À son passage, il broie un rêve qui s'élance,
 Fait s'obscurcir le ciel pour contrer le soleil.

L'austérité s'installe et lentement progresse.
Il érode ma vie, efface mon destin.
Sa force, redoublant, incite à la tristesse
Et de mon tout, bientôt, il ne restera rien.

La ronde des fleurs

Des fleurs, connais-tu le langage
Lorsque tu reçois un bouquet ?
Le doux parfum qui s'en dégage
Vient dévoiler leur sens secret.
Le dahlia, reconnaissance,
Le bleuet, la timidité,
La verveine, la confidence
Et le lys blanc, la pureté.
« J'aime très fort », dit la bruyère.
L'œillet rouge est signe d'ardeur.
Près de l'églantine éphémère
Qu'il passe vite le bonheur !
Constance, c'est la giroflée,
« Mon amour ne changera pas »,
Vous avez toute sa pensée
Quand il est rose le lilas.
La menthe à mémoire fidèle
Garde en son souvenir l'espoir.

Le romarin dit à la belle :
« Que je suis heureux de vous voir ».
La pervenche mélancolique :
« Je rêve de vous chaque jour. »
Et la jonquille nostalgique :
« Pour vous je me languis d'amour ».
Et pour évoquer la tendresse
La glycine à l'iris s'unit.
Un edelweiss c'est la noblesse
Sur les sommets de l'infini.
Le glaïeul par son nombre indique
L'heure exacte du rendez-vous.
La jacinthe au parfum magique
« Je voudrais être tout pour vous ».
L'indifférente capucine
S'allie avec le nénuphar.
« Votre parole me chagrine »
Dit le chardon avec égard.
Le narcisse c'est l'égoïste,
Le souci dit d'un air chagrin :
« Loin de vous, combien je suis triste ! »
Le trèfle est souvent incertain.
Chacune a son vocabulaire,
La pivoine, sincérité,

Premier amour, la primevère,
La violette, amour caché.
Le myosotis est fidèle,
La lavande c'est le respect,
Celle qu'on appelle immortelle
Est pour inspirer le regret.
Le muguet, la coquetterie ;
La pâquerette, affection,
La méchanceté, c'est l'ortie,
Tulipe, déclaration.
Chaque fleur transmet un message
D'amour, d'espoir dans un bouquet.
Ton plaisir sera sans partage
Si tu peux percer leur secret.

Les vaches

Elles ont attendu longtemps ce jour de fête
Les vaches, pour sortir dans leur robe amadou,
Le front paré de fleurs s'entrelaçant au joug.
Elles marchent au pas, portant haute leur tête.

Ayant, pour une fois, eu le droit au repos,
Après avoir trimé durant toute leur vie,
Elles peuvent enfin satisfaire une envie
En découvrant le monde en dehors de l'enclos.

Avoir quitté l'étable ou le vert pâturage
Pour en chœur célébrer la fête de juillet,
C'est un immense honneur, pour ces bêtes de trait,
Que d'être en liesse avec tous les gens du village.

Rondel

La violette et l'églantine
Sont pour moi les plus belles fleurs.
Peu m'importent les persifleurs
Lorsque dans ce choix je m'obstine.

Sans être d'or, ni de platine
J'admire leurs vives couleurs.
La violette et l'églantine
Sont pour moi les plus belles fleurs.

Leur beauté presque adamantine
Me touche et fait couler mes pleurs.
Mais sans souci de leurs valeurs,
À mes bons amis je destine
La violette et l'églantine.

Savoir tout accepter

Il pleut, dans le jardin, les fleurs baissent la tête
Le ciel a déversé sur elles des torrents.
Misérables, devant leur parure défaite,
Huant le mauvais temps
Et ses agissements.
Pour elles ce jour-là n'est pas un jour de fête.

Le tournesol prévoit déjà sa fin prochaine,
Voilà qu'il cherche en vain son guide le soleil.
La belle rose perd son teint de porcelaine
Et son éclat vermeil,
À nul autre pareil,
Envié par le lys, l'œillet, la marjolaine.

Mais sur l'étang profond, seul un beau nénuphar
Semble se réjouir avec une grenouille.
Bien éloignés du bord à l'abri du regard
Dans l'eau que rien ne souille,
Sous l'averse qui mouille,
Ils ne voudraient jamais résider autre part.

Nous devons chaque jour, qu'il fasse beau, qu'il pleuve
De tous les dons du ciel savoir nous contenter.
Nous les considérons quelquefois en épreuve
Mais sans nous révolter,
Nous devons accepter
Et de soumission avant tout faire preuve.

Le bonheur d'être

À travers le feuillage, un clin d'œil de lumière
Tombe sur le gazon que l'aurore a verdi ;
L'ombre, timidement, d'un feston d'organdi,
Orne l'humble chaumière
Et, la rose trémière,
Entrouverte à demi,
S'offre au rayon pâli de cette aube première

Remarquable moment que celui du réveil,
Où les paupières sont encore presque closes,
Avant de révéler les décors grandioses,
Spectacle sans pareil,
Du lever du soleil
Qui va de ses doigts roses
Soustraire le jardin à son profond sommeil.

…/…

J'aimerais prolonger cette scène à l'envie
Craignant qu'elle ne soit qu'un rêve évanescent.
Je garde les yeux clos, pour conserver l'instant
De cette féerie,
Indicible magie,
Donnée à qui le veut, quotidiennement,
Pour mieux apprécier le bonheur d'être en vie.

L'automne

Automne, bel automne
Aux matins embrumés,
Au ciel bleu qui moutonne,
Aux couchants embrasés.
Comme ferait un pyromane,
Il transforme un bois en brasier,
En un ostensoir, le platane,
En candélabre un peuplier.
Il fait fleurir le chrysanthème
À point pour honorer les morts.
Grâce aux beautés qu'il nous amène
On quitte l'été sans remords.
La nature rayonne,
Au propre au figuré ;
Reviens-nous bel automne
Dans ton habit doré !

Fleurs séchées

J'avais fait ce bouquet des fleurs de ton jardin
Pour les mettre à sécher dans un livre d'images,
En précieux joyaux qu'avait plantés ta main,
Mais, depuis, je n'ai plus osé tourner les pages.
De peur de découvrir leurs tons décolorés,
De retrouver pâlis les pétales de roses,
De ne plus voir intacts leurs restes chiffonnés,
J'ai préféré, longtemps, tenir les pages closes.
Quand la tristesse vient, que mon cœur est glacé,
Les fleurs voudraient parler, je leur dis de se taire.
À quoi bon remuer ce qui touche au passé…
Le livre reste là, perché sur l'étagère.

Le mimosa

Janvier est arrivé ramenant son cortège
De gel et de vent froid, de bourrasques de neige
Et son manteau glacé, d'un morne blanc uni.
La nature en sommeil, se drape dans l'oubli.
Les gens ne sortent pas sous un ciel monotone,
Ils deviennent frileux, l'hiver les emprisonne.
Le paysage mort, sans oiseau ni couleur,
S'étend comme un désert éteignant toute ardeur.
Pas une fleur au loin, pas un souffle de vie,
Tout semble suspendu, figé dans l'accalmie.
Les grillages rouillés, entourant le jardin,
Donnent au sol inculte un aspect bien chagrin.
Mais voici qu'un espoir doucement se déploie,
Un éclat vient d'ailleurs raviver notre joie.
D'un jaune bien plus vif que celui du colza,
Il éclaire l'hiver : c'est le doux mimosa.

.

Retour du troupeau

En fin d'après-midi, la lumière décline,
Le soleil disparaît derrière la colline,
Que le troupeau fougueux dévale en flots mouvants,
Faisant retentir l'air de puissants bêlements.
C'est l'heure coutumière où la bergère arrive,
Dont la douce présence assagit l'onde vive.
Elle agite un chiffon rouge au bout de sa main,
Pour guider les brebis sur le petit chemin.
Les sabots des ovins soulèvent un nuage.
Soudain, le conducteur qui surgit d'un virage,
Évite le danger, en freinant brusquement,
Et le flot l'engloutit sans pouvoir fuir devant.
Puis le troupeau s'écarte et libère un passage,
Mais l'homme ralentit, troublé par un visage.
Il le voit s'éloigner dans le rétroviseur,
Son corps est parcouru d'un étrange bonheur.

Le vieux manoir

Dans l'antique manoir, à la grille fermée,
La nature a repris ses droits,
Il échappe aux regards, sous l'épaisse ramée
Qui laisse deviner les vieux murs, par endroits.
La cheminée offrait, l'hiver, un beau panache
Mais, le lierre à l'assaut, fanatique, s'attache,
L'agrippe en s'alliant avec le liseron.
Près du portail mi-clos, seule, en ce lieu sauvage,
Je remonte le temps pour partir en voyage,
Et revivre un passé si riche en Aveyron.

Puis, un jour, j'ai poussé sans un effort, la grille,
Et, c'est là, que j'ai découvert
Un sentier qui menait au banc sous la charmille.
Quelle étrange magie en cet espace vert !
Légère dans le vent, comme la feuille morte,
En un monde irréel, ce décor me transporte.
S'accomplissent alors mes rêves favoris.
Mon esprit, délirant, à la fois, chante et pleure
Le plaisir de pouvoir s'isoler à son heure.
Désormais, en ce lieu féerique, j'écris.

La mésaventure du renard

Tapi dans le fossé, les yeux à demi clos
Au coin du bois, Renard, attend le crépuscule.
Des frissons convulsifs lui hérissent le dos
Car un point blanc lointain, s'avance minuscule.

Sur son museau pointu la moustache frémit ;
Ses prunelles de braise éclairent la pénombre,
Il observe, nerveux la forme qui grandit,
Fixant la silhouette au galbe clair et sombre.

L'imprudente s'avance, ignorant le danger.
Le renard a bondi dès qu'elle est apparue.
Et, prompt comme l'éclair, il court pour la cacher,
Une plume après l'autre, elle se trouve nue.

Cette chair prometteuse augmente son désir,
Son appétit cruel enflamme ses narines.
Il est tout excité de voir ce corps frémir
Dans un dernier sursaut des ailes opalines.

Le silence se fait la nuit s'étend partout…
Sa proie a disparu, cela le met en rage.
Renard reste interdit, le regard un peu fou
S'apercevant soudain qu'il s'agit d'un mirage.

La montagne

L'été comme l'hiver, ta beauté nous fascine.
Pour répondre à l'appel de tes plus hauts sommets
Nous ne sommes pas seuls : la foule se dessine,
Croyant te conquérir sans rien sacrifier, mais…
Il faut te mériter, ardent comme une flamme,
Qui brûle sans faiblir, nichée au fond du cœur,
D'un feu qui nous consume, envahissant notre âme,
Et nous pousse vers toi, même au prix de la peur.
Souffrir pour te gagner, sans être téméraire,
Savoir interpréter les signes menaçants
Dont tu pares ta cime au moment de colère,
Car, contre les intrus, parfois, tu te défends.

Surtout ne jouons pas avec ta robe pure
En sortant de la piste ainsi que l'imprudent,
Car nous provoquerions de ton front la rupture,
Déclenchant l'avalanche, en un chaos grondant.
Montagne, tu connais très bien le cœur de l'homme ;
À celui, sans respect, qui viendrait dans ta cour,
Tu résistes, farouche et le fou qui consomme
Ta beauté sans mesure, en mourra par amour.

Au pâturage

Sur le plateau désert, ils broutent en silence
Une herbe que n'agite aucun frisson de vent,
Leur ombre s'allongeant dans une pâle absence
Du soleil qui décline, ils marchent droit devant
Le nez touchant le sol, à la même cadence,
Tandis que l'air s'emplit des parfums du couchant.
Puis, sans lever les yeux sur ce beau paysage,
Ils accrochent leur laine aux buissons d'épineux,
Vestige suspendu, délicat témoignage
Que laisse le troupeau sur l'horizon brumeux.
Sous son large béret, dressé droit comme un phare,
Cape flottant sur lui, gigantesque fanal,
Le berger réunit le troupeau qui s'effare
Lorsque l'éclair déchire un ciel au gris spectral.
La terre vibre alors sous l'averse soudaine.
Le roc, sombre géant, se dresse comme un mur.
Les ovins apeurés, leur gardien se démène
Afin de les mener vers l'abri le plus sûr.
Le troupeau rassemblé, leurs toisons se rejoignent

Autour de lui formant un immense éventail,
Mais poussés par le vent les nuages s'éloignent
Favorisant ainsi le retour au bercail.

Le banc

Depuis longtemps couvert de mousse,
Sous le pommier où l'herbe pousse,
Il est toujours là, vermoulu
Le banc où j'ai tant attendu
Sans pouvoir en bouger d'un pouce.

Le son d'une parole douce
Dans le vol d'une feuille rousse,
Non, je n'en ai pas entendu
Depuis longtemps.

Il n'est plus qu'un vieillard qui tousse
Vers qui je cours à la rescousse,
Grincheux au visage barbu,
N'aimant plus le fruit défendu.
Mes mots d'amour, il les repousse
Depuis longtemps.

Le taureau

Dans le vert pâturage, au milieu du troupeau,
Heureux d'aller partout où son plaisir le mène,
Il avait vu le jour, pauvre petit taureau,
Ignorant qu'il allait finir dans une arène.

Des hommes à cheval sont venus le chercher
Afin de l'enfermer dans une chambre noire,
Et, de gratter le sol, il ne peut s'empêcher,
Tout tremblant de colère en sa robe de moire.

La porte de l'enfer s'ouvre et, mille démons,
Les yeux exorbités, les faces sanguinaires,
Assis sur les gradins, hurlent à pleins poumons,
Délire à l'état pur ! Brutes au cœur de pierres !

A-t-il compris qu'il faut qu'il devienne méchant ?
Il ne réagit point, on l'agace, on l'excite,
Mais lorsque de son dos dégouline le sang,
L'espace d'un éclair, il devine la suite.

Promis à ce combat qui se montre infernal,
La pique le transperce, il doit lui faire face ;
La cruauté gratuite, envers cet animal
Qui ne demandait rien, laisse les cœurs de glace.

Mais c'est déjà la fin, il roule sur le dos ;
En habits de soleil, un homme fanfaronne.
Quand le sable engloutit le sang qui coule à flots
Du souffle saccadé. Sa mort n'émeut personne.

Ils n'ont pas attendu son ultime soupir
Que déjà le rasoir vient lui trancher l'oreille,
Un signal qui fera les spectateurs rugir :
Il est mort mais en eux, la bête se réveille.

Les moineaux

Nous allons détester nos amis les moineaux,
Et nous méfier d'eux en leur jetant la pierre
Puisqu'ils sont devenus la source de nos maux,
En portant le virus causant la grippe aviaire.
Leur chant nous procurait autrefois du plaisir,
Et nous satisfaisions sans peine leur désir.
Nous aimions les guetter derrière la fenêtre.
Quand ils s'aventuraient tout près de notre main
Pour venir becqueter des miettes de pain.
Quelle joie ils pouvaient en nos cœurs faire naître !

Mais qu'arrivera-t-il au grand froid de l'hiver
Sans aide de l'humain qui toujours les protège
Lorsqu'ils n'ont plus d'abri dans le feuillage vert
Et que le sol gelé se recouvre de neige ?
Ils ne peuvent voler vers des cieux plus cléments ;
Je comprends leur détresse à leurs piaulements.
Ils doivent en vouloir à leurs petites ailes
Faibles pour les porter vers les pays plus chauds.
Et, sous un arbre nu, pauvres petits moineaux,
Vous enviez souvent les belles hirondelles.

Les crapauds en Afrique

Dans l'herbe, au bord des marigots,
De longs coassements funèbres
Émis par ces êtres lourdauds
Retentissent dans les ténèbres.
Surtout, ne sortez pas la nuit,
Ils sont partout, mais invisibles
Provoquant des peurs indicibles
En sautant sans faire de bruit.
Aussitôt qu'une lampe luit,
Ils lancent leurs concerts terribles
Blessant les oreilles sensibles
Ignorant ce qui les produit.
Sous les rebords de la terrasse
Et dans les fleurs qui sont en pots
Ils attendent que la nuit passe.
Puis ils se taisent les finauds.

Ah ! Les détestables crapauds !

La chèvre

Barbichette en avant, du haut d'un promontoire,
Elle vous considère un peu comme un intrus
En refrénant soudain l'élan masticatoire
Pour se donner des airs bourrus.

Vous aimeriez lui faire une simple caresse,
Vers elle vous tendez la main pour l'approcher ;
Sur ses gardes, d'un bond, la coquine vous laisse,
Déçu, sur le flanc du rocher.

Tout en vous surveillant, elle mâche un brin d'herbe
Tandis que ses yeux vifs vous suivent du regard ;
Elle fait quelques pas, d'une allure superbe,
En espérant votre départ.

Si vous aviez sorti du pain de votre poche,
La gourmande l'aurait mangé dans votre main.
Ne soyez pas vexé d'avoir manqué l'approche,
Allez, vous reviendrez demain !

Le sapin

Au plus profond de la forêt,
Au pied d'un grand qui le protège,
Le jeune sapin disparaît
Sous un épais manteau de neige.

Il semble angoissé ce matin,
On dirait même qu'il se cache
Quand de méchants hommes, soudain,
Apparaissent avec leur hache.

Le petit sapin malheureux
Ne verra pas finir l'année,
Il meurt pour le plaisir des yeux,
Un soir, près d'une cheminée.

Ainsi, lorsqu'arrive Noël
À ce grand massacre on assiste.
Au sapin artificiel
On reconnaît l'écologiste.

Recueillement

Je revois la prairie où j'aimais me plonger,
Où je nageais dans l'herbe avec gaminerie.
Quand le souffle du vent la faisait onduler
Dans mon imaginaire, une mer prenait vie.

Sur l'immense océan qu'embellissait le ciel
Fleurissaient des couleurs aux teintes les plus vives :
Coquelicots, bleuets, épis couleur de miel.
Je voguais lentement en m'éloignant des rives.

J'allais sur un vaisseau vers le pays lointain
Que j'avais si souvent entrevu dans mes rêves.
Immense désert ou continent africain
Se laissaient deviner en ces minutes brèves.

Cherchant l'apaisement et la sérénité
J'aimais m'abandonner, poète solitaire
En goûtant les plaisirs, la saine volupté,
Dans un recueillement devenu salutaire.

L'atelier d'art floral

Une petite fleur, secrètement, rêvait
De se trouver un jour au milieu d'un bouquet.
Elle pensait n'avoir pas assez d'élégance
Ou comme l'orchidée un brin d'extravagance.
Le parfum du lilas, qu'elle enviait souvent
Et celui du jasmin, du muguet, envoûtant
Accroissait son complexe et ses couleurs trop pâles
N'incitaient pas l'abeille à goûter ses pétales.
Elle craignait de voir venir les lendemains,
Et redoutait surtout le monde des humains.
Un jour de juin alors qu'elle était endormie,
Dans son profond sommeil, notre fleur fut cueillie.
Dans un cours d'art floral, elle se retrouva
Et fut très étonnée, en se réveillant là,
Parmi des tas de fleurs, la corolle entrouverte.
Elle oublia sa peur quand une main experte
Lui rallongea la tige avec du fil de fer
Et lui fit une place à côté d'un aster.
Enfin la fleur des champs réalisa son rêve
Et dans un beau bouquet son histoire s'achève.

Mon toutou

Aisément, je comprends ce que tu veux me dire,
À travers ton regard je peux tout deviner,
Tes grands yeux pleins d'amour dans lesquels je me mire
Sont la glace de poche où j'aime à me plonger.

Tu suis mes mouvements et chacun de mes gestes,
Inquiet quand je sors et, pour me retenir
Sur le seuil de la porte, immobile, tu restes,
Me suppliant, muet, de vite revenir.

Prise d'un grand regret, bien souvent je t'emmène
Car je ne voudrais pas te rendre malheureux,
Comme toi je suis triste en décelant ta peine.
Nous ne sommes contents qu'ensemble tous les deux.

Escapade

Ne pouvant supporter ces quinze jours d'exil,
Il avait fait le mur pour quitter le chenil,
Poussé par un ardent amour pour sa maîtresse,
Partie à l'hôpital, seule dans la détresse.
Il a marché sans fin dans le vent, dans la nuit,
Insensible au danger, par son instinct conduit,
Sans manger, sans dormir, sans se reposer même.
Rien ne le l'arrêterait jusqu'à celle qu'il aime.
En sachant qu'il vivait un affreux cauchemar,
Épuisé, le chien dût s'arrêter dans un bar
Comme s'il comprenait qu'avec son tatouage
On le ramènerait chez elle ou dans sa cage.
Harassé, cœur battant et les membres meurtris,
Le regard confiant, il sait qu'on l'a compris.
Il gémit doucement au souvenir de celle
Qu'il ne peut oublier lui, son ami fidèle.

Sortie de printemps

Lorsque j'étais encore une petite fille
À l'incessant babil, au sourire mutin.
Quand s'épanouissait la première jonquille
Nous allions dans les prés, vêtus de vert satin,
À la fin de l'hiver, dès la saison nouvelle.
Et toute jeune alors, maman semblait plus belle
Que les milliers de fleurs ondulant sous le vent.
Je lui serrais la main, la regardais souvent
Ah ! Comme à ce moment elle semblait heureuse,
La démarche légère et la lèvre rieuse.
Nous faisions le concours du plus gros des bouquets
Et lui jetais parfois des regards inquiets
En comparant la sienne à ma gerbe menue.
Face à mon désespoir, à ma déconvenue,
Aux larmes que mes yeux ne pouvaient contenir,
Devant mon impuissance à toutes les cueillir,
Elle connaissait l'art de consoler sa fille.
Depuis, lorsqu'apparaît la première jonquille
C'est à toi que je pense, ô ma chère maman.

La sécheresse

La sécheresse de l'été
Sans remords, aura dévasté
Les récoltes de la campagne.
Partout l'inquiétude gagne
Ainsi que la morosité.

L'agriculteur est tourmenté
Par ce regain d'aridité :
Va-t-elle atteindre la montagne
La sécheresse ?

Pourtant cette calamité
Fait naître la fraternité
Puisque du Nord à la Cerdagne
Ainsi qu'au pays de Cocagne
Elle appelle à la charité
La sécheresse.

Autrefois, un moulin…

Sans jamais arrêter sa course régulière,
Au bord de l'eau tournait autrefois le Moulin.
Il attirait les gens, au bord de la rivière,
Pour le froment, la roue allait grand train.
Les petits ânes gris aux flancs criant, famine,
 S'en revenaient le soir avec de la farine.
Du lever au couchant, c'était un défilé.
Les enfants s'amusaient, faisaient des cabrioles
Et des rires joyeux sortaient des carrioles
Où s'entassaient les sacs de blé.

Quel monde, ce jour- là dans le moulin en fête !
Les paysans, conquis par l'accueil du meunier,
Buvaient en attendant que l'affaire soit faite
Et prenaient leur repas qu'il tirait du panier.
La roue, en mouvement, laissait un flot d'écume
Et le ruisseau semblait augmenter de volume.
La meule avidement écrasait les grains d'or.
Ils avaient prié pour que les intempéries

Épargnent la moisson des récoltes, mûries
Par le soleil de messidor.

Le ruisselet s'endort, la source s'est tarie.
Le murmure de l'eau, les tictacs se sont tus.
Les sacs de blé s'en vont vers la minoterie !
Depuis longtemps déjà, le vieux moulin n'est plus.
Les petits ânes gris, dont j'ai la souvenance,
À mon esprit seront présents en permanence.
Quand l'odeur du pain chaud embaume la maison,
Les yeux à demi clos, sans peine, j'imagine
La file de tes âniers, transportant la farine,
Se profiler à l'horizon.

La ronde des saisons

Octobre, aux cheveux roux, de ses feuilles, parsème,
Les prés et les gazons de taches couleur d'or.
Novembre fait fleurir, dahlia, chrysanthème
Qui, malgré leur beauté font penser à la mort.
Décembre, c'est Noël, le sapin et la neige
La famille au complet, la crèche, les cadeaux…
Janvier aux jours plus courts que la nuit froide abrège
Fête les rois avec galettes et gâteaux.
Février, nous déguise et nous perdons la face.
Les crêpes pour sauter attendront le mardi.
Mars ! Enfin le printemps auquel l'hiver fait place
L'hirondelle revient chez nous faire son nid.
Avril, les cloches vont faire un voyage à Rome
Elles rapporteront des œufs pour les enfants.
Mai parfume l'azur d'un merveilleux arôme
Provenant du muguet, qui partout, se répand.
Juin, c'est le mois des fruits, l'époque des cerises
Les jours ensoleillés nous annoncent l'été.
Juillet, mois des congés, enfin, nous autorise

À prendre un long repos souvent bien mérité.
Août, le temps des copains et des jeux sur les plages,
Nous habille de short et de maillot de bain.
Septembre est revenu, les enfants de tous âges
De l'école, à présent, vont prendre le chemin.
Et les saisons reviennent ainsi chaque année
Pour notre grand plaisir, en habits de gala,
Par le soleil leur ronde est toujours bien menée.
On les attend avec l'espoir d'être tous là.

La chaleur

La chaleur est insupportable
Et l'air devient irrespirable.
Bientôt, nous fuirons le soleil
Qui nous donnait un teint vermeil
Nu-tête, allongés sur le sable.

Notre sort n'est pas enviable
Sur une planète invivable.
Elle fait craindre le réveil
La chaleur.

La sécheresse inévitable
Rend désuet l'imperméable.
La nuit, à l'heure du sommeil
Un rêve me tient en éveil :
J'oublie, à l'ombre d'un érable
La chaleur.

Petit phoque

Petit phoque innocent glissant sur la banquise
Dans le demi-jour gris des terres du Grand Nord,
Tu files sur la glace, empreint de grâce exquise,
Insensible à la bise, au froid rude qui mord.

Petit phoque ignorant, l'existence est peu sûre,
Derrière l'iceberg un ennemi t'attend !
Un homme sans pitié, qu'attire ta parure
Vient pour te fracasser la tête en un instant.

Petit phoque tu gis, sanglant, sur la banquise,
De ton corps palpitant il arrache la peau
Pour qu'une femme un jour, par sa beauté conquise,
Jouisse par ta mort des douceurs d'un manteau.

Un paradis

Au début du printemps, faisant ma promenade,
J'entendis une voix qui me criait « bonjour ! »
Sur une échelle, un homme ôtait de la façade
Le lierre envahissant qui montait de la cour.
Cette plante sauvage avait fait son domaine
Du vieux mur lézardé, régnant en souveraine
Sur cet endroit désert
Et sur la cheminée
Que, durant une année
Elle habillait de vert.

Alors, interrompant pour un instant sa tâche,
Le jeune homme avança pour me dire d'entrer.
Son visage au teint clair portait une moustache
Et j'eus, dans le jardin, l'honneur de pénétrer.
Mais lorsque je franchis le portail des merveilles.
Devant tant de splendeurs, je bayais aux corneilles.
Puis je redescendis,
De mon petit nuage.
Terminé le voyage,
J'étais au paradis !

Le temps

Le temps s'est enfui comme un rêve
Et quand l'existence s'achève
On est surpris, on est déçu
De voir que l'on n'a pas vécu
Alors que la mort nous enlève.

Sachons que l'existence est brève,
Que les heures passent sans trêve.
Avant qu'on s'en soit aperçu,
Le temps s'est enfui.

La vague vient, meurt sur la grève,
Puis une autre prend la relève
Dans un mouvement continu
Qui jamais n'est interrompu.
La nuit tombe, le jour se lève :
Le temps s'est enfui.

Les propos de la dinde de Noël

« On m'enlève mon truc en plumes,
Ils n'ont pas peur que je m'enrhume !
On met de l'huile sur ma peau,
Qu'on étale avec un pinceau.
Je me vois déjà sur la plage
Pour parachever mon bronzage
Avec un tout petit maillot
Laissant de mon corps, voir le haut.
Si j'ai quelques poils sur la jambe
Pour m'épiler, on me les flambe.
On m'attache solidement
Le cou, les bras, étroitement.
Chaque Noël on me maltraite,
Lorsque je meurs, ils font la fête.
De mon corps passé dans le four,
Ils se régaleront ce jour. »

Lorsque vient la fin de l'année,
Son existence est terminée.
Serons-nous sourds à son appel,
La dinde pleure, c'est Noël.

La rivière

Tranquille, elle serpente en rivière bien sage ;
Elle inculque la vie à ce beau paysage,
En faisant retentir son bruissement joyeux,
En captant le soleil et le reflet des cieux.
Les amoureux souvent viennent conter fleurettes
Sur le chemin moussu semé de violettes.
Son tapis de velours est roi des promeneurs,
Tandis que les poissons attirent les pêcheurs.
Ses eaux, aux doux éclats, s'étirent sans rivale,
Abreuvant champ fertile et nature florale.
Les oiseaux, dans leur vol, viennent boire à son bord,
Ajoutant leur concert au paisible décor.
Mais voilà qu'en grondant, s'annonce un gros orage,
Le ciel devient plus sombre et souffle un vent sauvage.
Après s'être annoncé, le déluge s'abat,
Les éléments entre eux se préparent au combat.
Des ruisselets nombreux, comme des mille-pattes,
Viennent se déverser, grossissant ses eaux plates.
Elle emporte des troncs, les débris arrachés,

Recouvrent le vallon de cailloux entassés.
Lorsque l'éclair s'éteint et que le calme arrive,
On découvre l'horreur, l'effroi sur chaque rive
La peur laisse un écho que rien ne chassera.
Et, dans le cœur meurtri de ceux qu'elle blessa
Vivra le souvenir des colères amères,
  De son éclat trompeur, derrière ses eaux claires,
  Car ses flots sont porteurs d'un bien sombre pouvoir.
  Apportant le plaisir, souvent le désespoir.

Le Jardinier râleur

Je te vois travailler dans ton jardin superbe,
Courbé sur les sillons, fidèle à ta maison,
Luttant chaque matin contre la mauvaise herbe,
Accordant tes efforts à chaque lunaison.
Tu pourrais chaque jour nous citer un proverbe.
Tu te laisses toujours guider par la raison :
« Qui veut semer le vent, récolte la tempête ! »
Un acte qui pourrait nuire à la floraison
Et risquerait aussi de te tourner la tête.
Tu restes tout le jour à la terre soumis,
Patiemment accroupi, jamais rien ne t'arrête,
Dans ton zèle abusif, négligeant tes amis.
Seraient-ce les moineaux qui te rendent acerbe
En venant picorer les graines des semis ?

Ou bien la liberté que prend la mauvaise herbe ?

Souris !

Le printemps va-t-il faire naître,
Sur ton visage tourmenté,
Le sourire qui pourrait mettre
En ton cœur un peu de gaîté ?

Tu vas, comme un enfant maussade
Repoussant tout d'un air boudeur
Contre le bonheur, en croisade,
Tu vis toujours dans le malheur.

Refusant de voir de la vie
Les bons côtés, d'heureux moments…
De rien tu ne tires partie
Et tu t'inventes des tourments.

Tu fais s'enfuir ton entourage
Afin de te donner raison ;
Tu gâches tout c'est bien dommage
Et t'enfermes dans ta maison.

Là, solitaire, tu ressasses
Que personne ne vient te voir.
Tes manœuvres sont efficaces,
On te laisse à ton désespoir.

La dentelle

Elle est, depuis la nuit des temps mystérieux.
Avant l'homme, existait le voile merveilleux,
Que l'araignée habile inventait en silence,
Chef-d'œuvre aérien, fragile en apparence.
Transparence et douceur en sont les attributs,
Que la lumière exalte en éclats absolus.
Son charme délicat, gracieux, éphémère,
Fait d'elle un art subtil, un souffle de lumière.
Travail d'aiguille fin, qui nait avec ardeur,
Paré d'un secret teint d'amour et de ferveur
Transmis au fil du temps à des mains infinies
Par des femmes que leur talent avait unies.
Un jour vint la machine, avec son cœur de fer,
Le charme fut brisé, l'espace d'un éclair.
Elle vola sa grâce et son souffle divin,
Ne laissant qu'un écho du geste féminin.

Bréhat

Une île de Bretagne où des milliers de fleurs
Exposent aux regards un panel de couleurs.
La douceur du climat, l'avant-goût d'exotisme,
Offrent aux visiteurs un joyau d'hédonisme.
Dédale naturel de sentiers sinueux,
Bordés par des récifs roses près des flots bleus,
De murets entourant des champs bien minuscules,
Où les frêles moutons, paraissent des virgules.
La mer, main de sculpteur, cisaillant les contours,
Offre à ce diamant ses plus divers atours.
On longe les rochers que la mer déchiquète
Sur des chemins étroits à pieds, à bicyclette.
Elle a pu conserver un charme originel
Et tout dans ce décor apparaît naturel.
À de nombreux auteurs cette île aura su plaire
Leur inspirant peut-être un monde imaginaire.
C'est ainsi qu'un beau jour, un poète enchanté,
Vint plonger dans Bréhat sa plume en liberté.

Le papillon et la libellule

Lorsque tombait le crépuscule,
Son grand manteau gris déployé,
En poursuivant la libellule
Le papillon blanc s'est noyé.

C'était au bord de la rivière,
Elle agitait son corps bleuté ;
Il allait d'une allure fière
Brillant au soleil de l'été.

Attiré par la demoiselle
Ne la quittant pas du regard
Il a voulu s'approcher d'elle
Doucement sur le nénuphar.

Croyant son charme irrésistible,
Le beau papillon se posa
Mais d'un coup d'aile imprévisible
La belle loin de lui vola.

Surpris qu'elle prenne la fuite
L'amoureux dans l'eau bascula.
Ses ailes se mouillèrent vite
Et le bellâtre se noya.

Souvent au cours de l'existence
Le cœur peut nous jouer des tours
Il faut agir avec prudence
Et sans faire de longs discours.

Le cygne

Par de nombreux auteurs le cygne fut chanté,
Sully Prud'homme a dit sa blancheur, sa beauté.
Ma plume à ce sujet devient sèche et stérile
Car faire mieux que lui me paraît difficile.
Le cygne m'a paru toujours mystérieux.
Il me fait songer à l'alcyon fabuleux,
Cet oiseau dont la vue était d'heureux présage
Que j'ai rêvé de voir, un jour, sur le rivage.
Il est depuis longtemps des jardins l'ornement.
Sur l'eau calme des lacs, il glisse fièrement,
Indifférent à tout dans sa beauté muette
Ignorant qu'il pourrait inspirer le poète.

L'abattage des arbres

Triste, j'ai regardé l'abattage des arbres.
Je les ai vus partir transformés en rondins.
Mais comment as-tu pu, mon cœur, rester de marbre
En voyant transformer en désert le jardin ?

En automne flambaient leurs chandelles géantes
Quand la saison dorait de feu ces peupliers,
Avant d'être parés de leurs feuilles naissantes,
En hiver, à la mort ils furent condamnés.

Ils avaient vu grandir de nombreux édifices
Protégé du soleil les enfants, leur maman ;
Sans doute ils finiront dans un tas d'immondices
Ces témoins d'un passé qui se meurt maintenant.

Arbres mes chers amis pour vous mon cœur se serre.
Derrière mes rideaux, que de pleurs j'ai versés.
Mais qui remarquera, sur ce lopin de terre
Que l'on vient de couper tous les beaux peupliers.

Déjà

L'automne n'est pas arrivé
Mais déjà la première feuille
Ne tombant pas sur le pavé
Vient alléger le portefeuille.

Elle sème dans les maisons
Qu'elle prend chacune pour cible
Désespoirs, désolations
Auxquels elle reste insensible.

Adieu beaux rêves, en effet
C'est l'oiseau de mauvais augure,
Nous dansons devant le buffet
En serrant d'un cran la ceinture.

Des frissons courent dans le dos
Avant que le froid ne commence.
Lorsque vient la feuille d'impôts
Il faut se rendre à l'évidence.

Le jardinier amoureux

Le jardinier pensant trouver le vrai bonheur
A la plus belle rose a fait don de son cœur.
Il consacre son temps à la fleur bien aimée,
À tous les visiteurs sa porte s'est fermée.
Dans la tiédeur du soir embaumé de parfum
Les pétales rosés s'envolent un par un,
Et les chants des grillons résonnent en sourdine
Sous le clin d'œil coquin de la lune mutine.
Mais, au petit matin, vautré sur le gazon,
Cheveux ébouriffés, comme un mauvais garçon,
Il ne tient dans ses doigts que quelques étamines,
Un morceau de bois vert tout hérissé d'épines.
De son étreinte il reste une goutte de sang
Qui le long de sa main s'écoule lentement.
Le jardinier se meurt de cet amour sans âme,
Trahi par une ardeur qui fit mourir sa flamme.
Pour lui les mimosas ne refleuriront plus.
Dans le fond du jardin les oiseaux se sont tus.
À la rose il voulut montrer sa préférence

D'un même accord les fleurs tirent leur révérence.
Les murs n'accueillent plus d'oreilles de souris,
Plus de massifs si beaux ni parterres fleuris.
Son amour pour la rose aura causé sa perte.
On a dit que depuis, il n'a plus la main verte.

Le vent

Le vent souffle pour tout le monde,
Sur une tête brune ou blonde
Il ébouriffe les cheveux
Et seuls les chauves sont heureux
Lorsque les autres se morfondent.

Il donne aux esprits à la ronde
L'humeur chagrine ou bien faconde,
Il rend aussi les gens nerveux
Le vent.

Quand dans sa course vagabonde
Il aborde une pudibonde
Qui tient d'une main ou des deux
Sa jupe volant vers les cieux,
Pour dévoiler la cuisse ronde
On peut dire qu'il est curieux
Le vent.

Vivement la pluie

L'annonce de la Météo
En ce moment nous horripile
Quand elle dit qu'il fera beau.
Pourtant, le citadin jubile
Ne pensant qu'à dorer sa peau,
En s'étalant nu sur la plage
Plus soucieux de son bronzage
Que des produits sur le marché.

Pense-t-il aux cultivateurs
Luttant contre la sécheresse,
A qui ne restent que les pleurs
Pour mieux exprimer leur détresse,
Maudissant l'excès de chaleur
Espérant un jour qu'un nuage
Sera porteur d'un bon présage ?
Hélas! il est déjà trop tard.

…/…

Partout s'étendent champs brûlés
Plus aucune surface verte.

Ruisseaux à sec, sols craquelés.

Et les pompiers sont en alerte.

Les pollueurs, écervelés

Que les privations dérangent,

Causes de ce climat qui change,

Seront aussi punis un jour.

L'ours

Au bord de la rivière, il guette le poisson
Et dès qu'il l'aperçoit, s'agite et tourne en rond,
Il s'amuse un instant, plonge sa lourde patte
Sur un saumon doré qu'il retire sans hâte.
Il prend, pour digérer un moment de repos
Puis s'adosse au sapin pour se frotter le dos.
Soudain, un bruit confus parvient à ses oreilles,
Il connaît le danger, c'est un essaim d'abeilles.
Elles ont découvert en volant dans le ciel
Celui qui vient toujours leur dérober le miel.
Gros nounours tout pataud regagne la rivière.
Elles ne pourront pas l'attaquer dans l'eau claire.
C'est ainsi que les gros peuvent prendre la fuite
Devant les plus petits lancés à leur poursuite.

La petite fleur

Une petite fleur n'agissant qu'à sa tête
Et qui ne voulait pas attendre le printemps,
Qui, de la liberté se faisait une fête,
Hardiment transgressa l'ordre de ses parents.

Sous un ciel gris, pluvieux, elle choisit de naître
Mais quel triste décor sans le feuillage vert
Qui sait mettre en valeur un beau tableau champêtre,
Car la fleur ignorait qu'elle était en hiver.

Plus aucun chant joyeux de l'oiseau sur la branche,
Ni de vive alouette annonçant les moissons,
De fillette vêtue en robe bleu pervenche.
Elle sentit son corps agité de frissons.

Ses pétales, soudain, qu'un vent cruel agresse,
Malgré tous ses efforts s'envolent un à un
Et la petite fleur sur sa tige se dresse
Voulant lui disputer un reste de parfum.

Puis, elle a disparu, la neige l'a couverte
D'un linceul scintillant empesé par le gel.
La curiosité vient de causer sa perte,
Elle n'aura jamais connu l'azur du ciel.

Le miracle

Mais, la petite fleur ne perdit pas la vie
Car cela se passait dans la nuit de Noël
Et le manteau neigeux qui l'avait enfouie
Par miracle ce soir, la protégea du gel.

Dans ce désert tout blanc, point le vert d'une feuille.
Une plante en ces lieux est une rareté !
Un berger qui passait furtivement la cueille
Et part sur le chemin que l'étoile a tracé.

Au pied d'un nouveau –né le vieillard la dépose.
Timidement, la fleur examine le lieu,
Elle tend sa corolle aux pétales de rose
Pour découvrir qu'elle est auprès de l'enfant Dieu.

Depuis cette nuit-là, vous voyez dans la crèche,
À côté des moutons, une petite fleur,
Qui ne fane jamais, sur de la mousse fraîche
Et c'est elle, à présent, qui la met en valeur.

La rose

Dans le jardin fleuri se pavanait la rose
En regardant de haut toutes les autres fleurs
Elle avait vu le jour, à l'aube, à peine éclose
Avec ce ton nacré qui donne à ses couleurs
Un air de ces cailloux venus des profondeurs.

En s'aidant au besoin de toutes ses épines,
Bien raide sur sa tige, elle fait son chemin
Sans vouloir se lier avec les églantines
Altière, elle va leur montrer son dédain
Et qu'elles ne seront, grand dieu ! pas ses copines.

Mais, un pas régulier venant de la maison
Précédant aussitôt la longue silhouette
Vient de s'apercevoir sur le bord du gazon.
Un coup de sécateur et, bientôt, perd la tête,
Celle dont la beauté fut une trahison.

La pivoine

Une pivoine rouge à la tête branlante
Voulait se faire entendre en ce coin du jardin,
Attirer les regards du plus proche voisin
Afin de raconter les exploits de la menthe.

Pour sa mauvaise langue, il la connaissait trop
Et l'écouta, distrait, sans aucun commentaire :
« Ces propos malveillants ne sont pas mon affaire,
Et ne colportez pas ce qui n'est qu'un ragot.

Ce qu'elle fit l'été dans un grand champ d'avoine
Avec un trèfle en fleurs me semble naturel.
La jalousie inspire un avis personnel
Qui vous cause du tort, rentrez chez vous, pivoine ! »

Et depuis ce moment le lys ne parle plus
À celle qui voulut, sur les autres, médire,
Excluant des bouquets la fleur couleur porphyre
Dont les discours depuis, ne sont plus entendus.

Retour du printemps

Le printemps se réveille et, la nature en fête
Se revêt à nouveau de multiples couleurs.
Honni soit celui qui provoquait mes douleurs
Vilain froid nivéal détrôné de son faîte !

L'hirondelle a joué le rôle de prophète
S'alliant au jardin où les premières fleurs
Exhalent leurs parfums, divins, ensorceleurs,
Coloris et senteurs dans l'entente parfaite.

Au mois de mars les jours paraissent plus cléments,
Il faudra ressortir de légers vêtements
Enfouis tout l'hiver dans une vieille armoire.

Tandis que je m'expose au soleil printanier,
Des souvenirs heureux inondent ma mémoire.
Je me dis tristement : « si c'était le dernier ? »

Le handicap

Le jour va se lever, l'aube rosit le ciel
Donnant au paysage une couleur de miel.
Penchée à la fenêtre,
Elle emplit ses poumons de l'air frais matinal.
L'étoile du berger, impalpable fanal,
Attendra la nuit pour renaître.

Un invisible coq s'entend dans le lointain
 Et donne le signal de l'éveil du jardin,
Toujours à la même heure.
Elle aimerait bien sûr pouvoir se déplacer
Et du fauteuil roulant enfin se libérer,
Courir, sortir de sa demeure !

Un frisson la parcourt, face à tant de splendeur,
Le lever du soleil stimule son ardeur
Jusqu'à la griserie.
Ce plaisir matinal qui réjouit ses yeux
Est fait de petits riens mais elle a besoin d'eux
Pour se raccrocher à la vie.

Soir d'été

Le soir, la fenêtre entrouverte
Me laisse entendre un beau concert
Pas de Mozart, ni de Schubert
Montant de la place déserte,
Seulement les chiens du voisin,
Toujours prêts à donner l'alerte
En veillant sur son magasin.

Mais je n'en suis pas mécontente
Puisqu'ils veillent aussi sur moi.
Ainsi, s'apaise mon émoi
Lorsque, certains soirs je m'absente.
Ils écartent les maraudeurs.
Ô combien je les complimente
De mettre en fuite les voleurs.

.../...

Mes fenêtres ne sont point closes
Quand vient la chaleur de l'été
Et je dors bien, en vérité,
Faisant des rêves bleus ou roses.
Je ne hais point leur aboiement,
Je vois le bon côté des choses :
Ils font preuve de dévouement.

L'automne 2

Sous un léger brouillard, dans le gel du matin,
Secoués par le vent, les arbres du jardin
Versent des larmes d'or sur le tapis de mousse.
Tout au bout d'un rameau
Seule une feuille rousse
Peut servir d'asile au moineau.

La chape de ciel gris qui rend les gens moroses,
Me réjouit autant qu'un beau bouquet de roses ;
Ce temps triste, maussade éveille mon émoi
Et souvent je m'étonne,
Tout en restant chez moi,
De renaître quand vient l'automne.

Bientôt, l'espace vert entourant la maison
Sombre dans le sommeil de la morte saison.
La tondeuse au repos s'endort dans le garage
Et ses ronronnements,
Familiers au village,
Vont se taire jusqu'au printemps.

En suivant du regard l'arbre qui se balance

Je me plonge en état de rêverie intense

Le pendule du psy ne pourrait faire mieux !

Au retour sur moi-même,

Lorsque j'ouvre les yeux,

J'ai trouvé les mots d'un poème.

La déprime automnale

Par un matin d'octobre, un voile de brouillard
A recouvert le bourg comme une écharpe immense ;
Il se déroule ainsi qu'un immense étendard,
Il étouffe les bruits, fait naître le silence
Et la morosité de l'automne blafard
Qui, chez les gens grincheux n'a pas d'équivalence
Et donne le cafard.

L'absence de soleil provoque la déprime,
Ils vont se replier, se renfermer chez eux
Silencieux, muets mais leur humeur s'exprime
Contre leur entourage et le ciel nuageux.
Chacun se considère ainsi qu'une victime
Dans l'inactivité, pelotonné, frileux,
En baisse de régime.

Cette saison agit sur les comportements
Et l'heure d'hiver rend parfois l'esprit stérile ;
Un manque de sommeil et des troubles latents

Sont les facteurs, hélas d'une attitude hostile
Chez les inadaptés aux changements de temps ;
L'automne pour certains s'avère difficile
S'il faut rester dedans.

L'hiver

Décembre, la nuit tombe et souvent la tristesse
Envahit votre cœur ; la lumière régresse
Dès le milieu du jour.
On se recroqueville
Au fond de sa coquille
En espérant déjà du printemps le retour.

Les arbres dénudés de leur épais feuillage
Jalousent le sapin qui garde l'avantage
D'abriter les oiseaux.
Lorsque tombe la neige
L'arbre vert les protège
Refuge provisoire avant des jours plus beaux.

Contrairement pour moi, c'est l'hiver que j'existe,
Tant pis si l'on me prend pour une fantaisiste !
J'aime cette saison
Propice à l'écriture
Et, malgré la froidure,
J'écris, j'écris parfois jusqu'à la déraison.

La neige

Une étrange clarté dans la chambre pénètre
Et je n'ai pas besoin d'entrouvrir la fenêtre
Pour savoir que, la nuit, la neige a recouvert
Et blanchi le jardin, quel beau présent offert !
Je lève le rideau pour jouir de la vue,
La campagne immobile apparaît plutôt nue,
Je ne distingue plus la ligne d'horizon
Ni le mur de clôture entourant la maison.

Pas un souffle, nul bruit pour percer le silence
Sauf l'envol d'un corbeau qui lourdement s'élance.
Les cours d'eau sont gelés, tout me semble irréel
Et digne d'illustrer des cartes de Noël.
J'entrouvre la fenêtre et redescends sur terre.
Le froid réveille en moi l'instinct humanitaire
Et je pense aux clochards qui vivent sans abris
De plus en plus nombreux de Marseille à Paris.

La fin de l'hiver

Je n'avais pas perçu jusqu'à ce beau matin
Le chant des oisillons qui monte du jardin,
Dont j'ai souvent le privilège.
Viennent-ils annoncer que le froid hivernal
Quitte notre contrée avec son arsenal
De verglas, de gel et de neige ?

Le timide soleil fait fondre les glaçons
Qui frangeaient avec goût les toits de nos maisons
Rendant chacune plus jolie.
Mais le manteau neigeux dans lequel tout s'endort
Réveille au fond de moi le spectre de la mort,
Me pousse à la mélancolie.

En effet cet or blanc ne fait pas le bonheur
Du conducteur de bus ni du camionneur
Devant rouler avec prudence.
Hélas ! Il va servir quelquefois de linceul
À celui qui, dehors, se retrouvera seul
Dans un désert d'indifférence.

La tempête

Lorsque qu'un vent violent s'acharne sur la lande
Dans sa voix de stentor,
Que le ciel nuageux jette une houppelande
Sur les massifs de genêts d'or
Et que, doucement la lumière
Prend la couleur de la bruyère
Avant de disparaître au fond de l'horizon,
Alors, seule dans la maison,
Assise auprès du feu je me recroqueville.
Dans l'âtre une bûche pétille
Et va m'inspirer quelques vers :
Hélas ! Pour moi, les mots s'en vont tout de travers.

J'ai l'esprit perturbé par le souffle d'Éole
Qui saccage les alentours ;
Sachant que rien ne peut freiner sa course folle,
Il fait tout valser dans les cours.
Ah ! Pourvu que bientôt s'arrête
Sans trop de dégâts la tempête !

Est-ce que l'arbre du jardin
Résistera jusqu'au matin ?
Je remonte avec lui soixante ans en arrière,
Planté pour mon anniversaire
Alors que j'atteignais un an
Survivrai-je à sa mort ? Que maudit soit le vent !

Temps de chien pour le pêcheur !

Le rideau de la pluie obscurcit la rivière ;
" Par malchance au menu, pas de truite meunière ",
Grommellent furieux les pêcheurs !
Malgré le capuchon, bottes, imperméable
Ils n'affronteront pas l'averse redoutable,
Alors, pour se distraire, ils chercheront ailleurs.

Les teignes sont en fête et restent dans leur boîte,
Leurres autorisés que le poisson convoite,
C'est mieux que de servir d'appâts !
Elles ne verront pas venir, la gueule ouverte,
Une truite gourmande et qui court à sa perte
En voulant la saisir pour faire un bon repas.

Le pêcheur se morfond derrière la fenêtre,
Il espère toujours voir le soleil paraître.
Pestant contre le temps pervers,
Devant l'ordinateur, il fait des réussites
Ou bien sur Internet il consulte des sites,
Tandis que le poète écrira quelques vers.

Le portail

Devenu désormais un lieu de promenade,
J'ai voulu retourner auprès du vieux portail,
En m'approchant déjà, mon cœur bat la chamade ;
L'hiver revêche et froid me tenait au bercail.
La mousse a recouvert le parterre qui glisse
Et je frôle du pied la tête d'un narcisse.
D'un pas mal assuré,
Je m'avance, tant pis si je suis indiscrète !
Je découvre les lieux au fond de leur cachette
Par le mur fissuré.

Le jardin a perdu la blancheur de l'hermine,
Il s'habille, en avril, de multiples couleurs ;
La nature renaît quand l'hiver se termine
Et se fait annoncer par des milliers de fleurs.
Elle agence les tons, en grande virtuose,
Et sa magnificence atteint l'apothéose
Au début de l'été.
Les coloris divers, en un accord complice,
Ont jailli des bourgeons comme un feu d'artifice
Et tout n'est que beauté.

Jamais content

Quand pendant plusieurs jours la pluie a déversé
Sur nous des torrents d'eau qui font couler nos larmes
Emportant avec eux le rêve caressé
D'échapper à l'hiver, de retrouver les charmes
D'un automne furtif et déjà trépassé,
Les uns sont désolés, une autre se lamente :
" Allons-nous revoir le soleil
Et retrouver un teint vermeil,
À la terrasse d'un café, siroter un verre de menthe ? "

Quand le goût du confort domine la raison,
Que la soif du plaisir fait taire la sagesse,
Nous aimerions n'avoir qu'une seule saison ;
Nous choisirions l'été malgré la sécheresse
Qui nous tarit les puits et brûle le gazon.
Personne n'a jamais satisfait notre envie,
Nous ne sommes jamais contents
Et nous pestons contre le temps,
Alors que nous avons la chance d'être en vie.

Nouvelle année

Le jour se lève et rien n'arrête mon élan,
Je m'enivre d'air frais jusqu'à la griserie
Puis, je ferme les yeux pour qu'au dedans de moi
Je puisse retrouver l'objet de mon émoi :
Magie et féerie
Du premier jour de l'an.

Derrière ma fenêtre, où l'aube enrubannée
Laisse timidement passer une lueur,
Je me sens transportée au temps de mon enfance
Où le rêve est possible, où l'on est sans défense,
À l'abri de la peur
D'une nouvelle année.

Je m'imagine aussi les membres tremblotants,
Quand la vieillesse aura réduit mon dynamisme
Et déjà, je prévois morose l'avenir
Estompant le passé qui ne peut revenir…
Mais point de pessimisme,
Profitons du bon temps !

Mon amie

Aujourd'hui j'ai reçu le plus beau des cadeaux :
Tu m'as ouvert ta porte et tiré les rideaux,
Me faisant découvrir ton espace de vie,
Un petit nid douillet,
Chaleureux, qui me plaît.
Ainsi tu me prouvas que j'étais ton amie.

À présent je pourrai, de loin, t'imaginer
Au milieu de tes fleurs, en train de jardiner
Arrosant le matin quand le ciel devient rose
L'œillet, le pétunia…
Avec maestria
Agençant les couleurs en grande virtuose.

Tu sais l'art de créer un décor merveilleux,
Partager avec moi ce plaisir pour les yeux ;
On a dit que ceux-ci sont les miroirs de l'âme
Et ton jardin fleuri
Exprime, en un doux cri,
L'ardent amour qui brûle au fond d'un cœur de femme.

Et, dans cette maison qui domine le val,
Où la nature t'offre un cadre sans rival,
Dans l'authenticité, dans une paix profonde,
Tu trouves le moment
Et bénévolement,
De t'investir, d'avoir un regard sur le monde.

Le lierre

Le lierre au geste caressant
Au pied d'un arbre se jetant
Fait preuve d'un amour vorace
Car il s'agrippe à lui, tenace
Sans le lâcher, fidèlement.

Un ami bien embarrassant
Et s'il a pour vous un penchant
Avec fureur il vous embrasse
Le lierre.

À vrai dire il est étouffant,
Il aime, il étreint fortement,
Il vous bâillonne, il vous enlace
Et le partenaire trépasse.
Il est vraiment trop attachant
Le lierre.

Le lys

Le lys, dans le jardin, évite la voisine :
« Ne vous approchez pas vous pourriez me salir
Vous porteriez atteinte à ma blancheur divine
Votre amitié pour moi ne peut que m'avilir.

Nous n'appartenons pas tous deux au même monde,
Vous poussez à mes pieds, moi j'ai la tête au ciel.
On m'aperçoit de loin, d'une lieue à la ronde,
À l'église c'est moi qui décore l'autel. »

Ainsi parlait le lys à la tulipe noire
Naïve, qui pensait se faire des amis.
Ceci fut le début et la fin de l'histoire
Car depuis, leurs rapports semblent bien compromis.

La dame aux oiseaux

Elle les a quittés dans l'aurore naissante
Ceux qu'elle adorait voir à travers les rideaux
Qu'elle tirait toujours, d'une main frémissante,
Pour ne pas effrayer ses amis les oiseaux.

Elle était attentive à tous leurs faits et gestes
En devinant leur chant, qu'elle n'entendait plus.
Comme elle souriait quand ils sautaient, si lestes,
Malgré leurs petits corps arrondis, bien repus !

Les moineaux savent-ils que ce n'est plus la même
Qui leur donne à manger lorsque vient le matin,
Désirant leur montrer combien elle les aime,
Les remercier pour donner vie au jardin.

Ils m'accueillent joyeux dans leur robe de moire
(Cela ferait un très beau sujet de roman !)
Avec eux, je voudrais conserver la mémoire
De celle qui n'est plus, que je pleure : Maman.

La belle jardinière

Dès les premiers beaux jours, quand le week-end arrive,
Elle ouvre le portail de la vieille maison,
La dame aux blonds cheveux, dans le jardin, s'active
Et chante un air joyeux en tondant le gazon.
En la voyant lutter contre les herbes folles,
Le lierre et le chiendent cessent leurs farandoles
Ils n'auront qu'à bien se tenir.
Avec le sécateur, elle coupe, elle taille
Les rameaux délurés qui se livrent bataille,
Les broussailles, bientôt, ne sont qu'un souvenir.

Elle connaît les soins qu'exige chaque plante
Et leur lieu favori, dans l'ombre, au pied d'un mur.
Elle sait leur parler d'une voix douce, aimante,
Redresse une corolle, agit d'un geste sûr.
Les rosiers en hiver ont rentré leurs épines

.../...

Et se sont alliés aux douces églantines
Pour offrir leurs cynorhodons.
L'odorant chèvrefeuille, à son support s'attache
Tandis que la pivoine, agressive, se cache
Lorsque vient dans le ciel l'essaim de faux bourdons.

Afin de célébrer la belle jardinière
Qui montre de l'amour à l'ensemble des fleurs,
Les hôtes du jardin, chacun à leur manière,
S'en vont rivaliser de formes, de couleurs.
Et le lilas répand son parfum dans l'allée
Comme pour embaumer, d'emblée,
La maîtresse des lieux et nouveaux arrivants.
Et l'odorant muguet se dresse sur sa tige,
Activant son odeur qui donne le vertige,
Et c'est toujours ainsi quand revient le printemps.

Querelles de voisinage

Sur le mur la mousse s'agrippe,
L'habille d'un vêtement vert,
Le lierre aussi participe.
Sur le mur, la mousse s'agrippe.
Ce beau tissu que le temps fripe
Est l'aire de jeu d'un pivert
Sur le mur la mousse s'agrippe,
L'habille d'un vêtement vert.
Aucun grillage ne l'arrête,
Elle passe chez le voisin
Qui fait une drôle de tête.
Aucun grillage ne l'arrête,
Furtivement, elle s'apprête
À pulluler dans son jardin.
Aucun grillage ne l'arrête,
Elle passe chez le voisin.

Ce n'était qu'une négligence,
Elle fit naître un désaccord.
Désormais, règne le silence.
Ce n'était qu'une négligence
Pour empoisonner l'existence
De deux voisins jusqu'à leur mort.
Ce n'était qu'une négligence
Qui fit naître le désaccord.

Les querelles de voisinage
Souvent tiennent au mur moussu.
Si vous faites du jardinage,
Les querelles de voisinage
De ce loisir sont l'apanage.
Vous l'apprendrez à votre insu.
Les querelles de voisinage
Souvent tiennent au mur moussu.

Le marronnier

Sur toutes les photos, il avait une place
Et dominait la cour majestueusement.
Nous en faisions le tour avant d'entrer en classe,
Mains derrière le dos, à la file, en chantant.

Ses branches s'étendaient comme les bras d'un père,
À l'ombre protectrice on pratiquait nos jeux.
Sous ses feuilles dansaient des éclats de lumière,
Et nos rires d'enfants faisaient des envieux.

C'était à l'âge heureux de « chat », de la marelle,
Des billes, de la balle et ballon prisonnier…
Et toutes nous rêvions d'une enfance éternelle
Pour ne jamais quitter notre beau marronnier.

Il marquait les saisons dans cette cour d'école,
Ce témoin d'un passé maintenant révolu ;
Du temps de notre enfance, il reste le symbole
Et manquera beaucoup à ceux qui l'ont connu.

Car la modernité décida de l'abattre,

Hélas ! Le sentiment n'est jamais le plus fort !

Sous l'œil de Saint Joseph, la statue en albâtre,

Le marronnier géant, le marronnier est mort.

À l'ombre du passé son souvenir subsiste,

L'arbre plane toujours sur mes plaisirs d'enfants

Mais la raison me dit « surtout, ne sois pas triste »

Il vivra dans ton cœur jusqu'aux derniers moments.

Le cèdre de l'amitié

Il se dresse fier sur la place
Et vient juste d'avoir vingt ans
En résistant au mauvais temps
Dont il conjure la menace.

Issu du monde souterrain,
Dans lequel plongent ses racines,
Par le bout de ses branches fines,
Rejoint le monde aérien.

Par son vert, couleur d'espérance,
Les regards sont cristallisés.
Sachez que ce sont les Croisés
Qui le ramenèrent en France.

Tous les Aînés de Réquista
Qui l'ont planté, qui le vénèrent,
Le jour de son anniversaire
En chœur se rendent à Boa.

À l'existence du village
Le beau cèdre est associé.
Il symbolise l'amitié
Éternelle, qui n'a pas d'âge.

Le vannier

Artistiquement le vannier
S'applique à faire un beau panier.
Il met tout son cœur à l'ouvrage
Et jamais ne se décourage
Sans en espérer un denier.

Quand l'hiver le rend prisonnier
De l'âtre et de son tisonnier,
Il tresse mais sans outillage
Artistiquement.

Il avait coupé l'an dernier
Des tiges de jonc et d'osier
Dont il surveilla le séchage.
Aux amis de son entourage
Il l'offrira par amitié,
Artistiquement.

Nostalgie

J'ai marché jusqu'à ta maison
Où fleurissaient jadis les roses,
Pour égayer le vert gazon.
À présent ces lieux sont moroses !

Plus de visage familier
Ni plus aucun éclat de rire,
Plus aucun pas sur le gravier…
À l'instant mon cœur se déchire.

Devant portail et volets clos
Je me demande si j'existe.
Je pars, étouffant mes sanglots.
Sans toi, que ce quartier est triste !

La sérénade du crapaud

Quand le soleil s'éteint, le soir, sous les tropiques
En rougeoyant le ciel de ses derniers faisceaux,
Il peuple la forêt d'ombres mélancoliques,
La nature subit de la nuit, les assauts.

À cet instant du jour se perçoit le silence,
Au monde de l'aveugle, on accède un moment,
Le bruit atténué conduit à l'indolence,
Interrompu soudain par un coassement.

Perçant l'obscurité, cette voix d'outre- tombe,
Aux accords caverneux, brusquement jette un froid,
Des entrailles du sol s'élève et puis retombe,
Paralysant l'homme et les animaux d'effroi.

Inconscient du fait qu'il se ridiculise,
En propageant au loin son chant disgracieux,
Au bord du marigot, le crapaud vocalise,
En choisissant l'instant le plus silencieux.

Mélancolie

Le moment que j'attends, celui que je préfère
C'est septembre et toujours mon cœur s'en réjouit.
Mais tout est différent, je me sens solitaire
Et n'ai jamais été si triste qu'aujourd'hui.

Qui me dira pourquoi cet air mélancolique,
Est-ce un soupir du vent dans le feuillage vert ?
Il murmure et diffuse une douce musique
Aux paroles chantant le retour de l'hiver.

Les jours cesseront-ils leur sarabande folle !
Ce soir, dans la clarté du soleil pâlissant,
J'ai ressenti le poids des ans sur mes épaules.
Pourrais-je revenir à d'autres beaux printemps ?

Mais ma douleur s'apaise et la fureur sauvage
Animant mon esprit n'est plus qu'un souvenir…
Seule, je dois marcher, jusqu'au bout de la plage
Où sur le sable d'or la vague vient mourir.

Le loup

On croirait des moutons en plâtre dans la crèche
Mais ils ne trompent pas le loup dans le sous-bois
Qui pense que l'agneau ferait un mets de choix ;
En le voyant passer d'avance, il se pourlèche.

Le berger s'est assis, sous un arbre, à la fraîche
Sa flûte émet un son qui réveille le bois.
Soudain, le chien Médor, inquiet, aux abois,
Fonce subitement plus vite qu'une flèche.

Il vient de découvrir l'ennemi du troupeau,
Plantureux, grassouillet, sans un pli sur la peau,
Qui rôde, en observant de près le pâturage.

Mais bientôt le soir tombe et, l'ombre qui s'étend,
Persuade le chien qu'il s'agit d'un mirage.
Il doute un peu de lui de sa vue, et pourtant,

Le parc animalier est proche du village.

En automne

On laisse grand ouvert les fenêtres les portes
Aux ultimes rayons du soleil pâlissant
Tout le long des trottoirs, des tas de feuilles mortes
Vont tendrement gémir sous les pas du passant.

Je ne me lasse pas du spectacle d'automne,
Celui des peupliers qui bordent les ruisseaux
Dont chaque rameau d'or au vent léger, frissonne
Aux troncs bien droits ainsi que les mâts des vaisseaux.

Le chrysanthème, au fier friselis de pétales,
Fait l'orgueil des jardins s'il pousse en massifs drus.
Je n'imagine pas de scènes automnales
Sans eux pour honorer tous nos chers disparus.

L'éventail des couleurs offert par le feuillage
Laisse un peintre, rêveur qui va, par loyauté,
Déposer son pinceau, gommer son gribouillage,
Il se sait impuissant face à tant de beauté.

Sacrés moutons !

Afin de m'endormir, je compte les moutons,
Un mouton, deux moutons à la toison de laine.
L'un broute dans le pré quand l'autre fait des bonds
Le reste du troupeau s'enfuit à perdre haleine.

Sous le regard moqueur de la lune qui luit,
Je leur livre un combat, mais combien inutile !
Et ces moutons me font passer blanches mes nuits
Refusant de marcher l'un après l'autre, en file.

Je compte les moutons, les moutons sont partout,
Ils traversent ma chambre en sarabandes folles,
Ils se donnent la main, sur leurs pattes, debout
Et dansent sous mon lit d'étranges farandoles.

Docilement, à l'aube, ils regagnent l'enclos.
Leur bêlement transforme en cauchemar mon rêve.
Le sommeil m'envahit, je garde les yeux clos,
Pourrais-je enfin dormir ? Hélas ! le jour se lève.

Au zoo

C'était un chimpanzé que je voyais de dos,
Accroupi sur le sol pas très grand, ni très gros.
Quelques plages sans poils parsemaient son pelage,
Dénonçant sans pitié, de ce vieux singe, l'âge
Qui, de ses quatre mains aux longs doigts effilés,
Cherchait n'importe quoi, dans les cailloux brûlés.
Son corps grisâtre et terne, encrassé de poussière,
Semblait chargé du poids d'une souffrance amère.
Il me fixa bientôt d'un regard presque humain
Et le coin de son œil d'une larme était plein.
Son silence portait les échos d'un message,
Les reproches venus des âges sans visage.
Un frisson parcourut mon cœur lourd et troublé :
Tout en restant muet, il voulait me parler.
Dans ses yeux expressifs, je lisais la tristesse,
Et j'esquivais leur feu révélant sa détresse.
Soudain, il s'approcha, s'agrippant au barreau.
Je perçus une voix, murmurant sous la peau,
 C'était l'imploration d'une âme prisonnière,

Un appel au secours, une sourde prière.
« Pourquoi l'humain me tient-il en captivité
A-t-il perdu le prix de ce mot liberté ?
Il s'est battu pourtant, se bat encor' pour elle,
Pour nous, un terme abstrait, voire une baliverne !
Je suis là, triste et seul, enchaîné par le sort,
Dis-moi, comment fais-tu pour rester au dehors ?
En sachant que le singe est le l'homme l'image
Pourquoi désire-t-il mettre le singe en cage ? »

Mais n'est-ce pas l'humain, derrière ces barreaux,
Qui s'invente à son tour d'invisibles ghettos ?
Créant des interdits, acceptés par routine,
De plus en plus nombreux, qui, chaque jour nous minent.
La liberté se trouve au milieu des déserts,
Peut-être encore mieux, au fond de l'univers !

Vieux villages

Vieux villages, parés de vos beautés sereines,
Silencieusement, vous mourez par centaines.
Maisons à l'abandon s'éteignent sous le poids
Du temps, qui les écrase et les livre à l'effroi.
Vos clochers, autrefois orgueilleux et sonores,
Ne lancent plus au ciel leurs appels aux aurores.
Pourtant, ils racontaient la vie, effort, espoir,
Le souffle des saisons, du matin jusqu'au soir.
Le vent perturbateur, hante vos cours désertes,
Fait chanter les volets, hurler portes ouvertes,
En étouffant l'écho, qui danse sous les toits,
Des pas d'un artisan, d'un rire ou d'une voix.
Les murs de vos maisons, endommagés par l'âge,
Portent dans leur blessure un émouvant message :
« Ne passe pas trop vite, insensible et distrait,
En oubliant ces lieux où le temps s'est défait ».
Chaque fissure inscrit une part de mémoire,
Un éclat de jadis figé dans notre histoire.
Un jour, de notre voix, rendons-leur la splendeur,

Surtout protégeons les contre les destructeurs,
Car, ces villages sont témoins de nos racines,
De l'âme de la France et de ses origines,
Et si nous laissons choir leur éclat effacé,
Nous mourrons avec eux, si meurt notre passé.

Le refuge du rêve

Derrière l'horizon, le soleil disparaît,
En jetant un rideau sur le jour qui s'achève.
Et l'azur, lentement, se retire, discret,
L'ombre me conduira sur le chemin du rêve.
Les oiseaux, tout à coup, suspendent leurs chansons,
Et le silence impose un frisson de mystère.
Dans l'air lourd, le parfum des belles floraisons
S'accorde au pas feutré d'un renard solitaire.
Pour m'évader, je n'ai plus qu'à fermer les yeux.
Un univers fictif jaillit sous mes paupières.
Chaque soir, je rejoints des paysages bleus,
Où règnent la douceur et les bonnes manières.
Là-bas, nul ne connaît ni la peur, ni l'orgueil,
Car le cœur, apaisé, s'accorde avec la terre.
Le rêve est un refuge où l'espoir va sans deuil,
Havre de liberté loin de ce monde austère.

Premier Frimas

Insensibilisé, mon corps s'est engourdi
Et, tel un chat frileux, sur lui se pelotonne.
Il fait froid dans ma chambre, en cet après-midi.
Derrière les rideaux je regarde l'automne.

Je guette le ciel bleu, mais mon espoir est vain.
Ce gris couleur du temps m'incite à la tristesse.
Le cruel vent du Nord glace et bleuit ma main.
Je ne réagis pas au frisson qui m'oppresse.

Je voudrais retourner au pays du soleil,
Retrouver la chaleur, m'allonger sur la plage
Pour simplement sombrer dans un profond sommeil
Sous les grands cocotiers qui bordent le rivage.

Je ne respire plus et je ferme les yeux
Pour laisser mon esprit voler et disparaître.
Sur l'aile d'un nuage, il fuit vers d'autres cieux…
Mais je suis toujours là, derrière la fenêtre.

Mon chien,

C'était plus qu'un ami, mon chien, mon compagnon,
Un frère sans un mot, mais riche en connivences.
Nous savions échanger, dans un simple abandon,
Des trésors de tendresse et d'intimes présences.
Chaque matin, sans faute, il venait dans mes bras,
Faisant fuir les tourments d'une nuit solitaire.
Son regard me parlait, au bord du matelas :
Un murmure d'amour, très simple et si sincère.
Il m'offrait ce que l'homme ignore bien souvent :
Une présence pure, un don sans exigence.
À l'abri de son cœur, tout devenait plaisant,
Et je trouvais la paix dans sa douce existence.
Mais un jour, sans crier, la mort nous a surpris,
Enlevant mon trésor sur son aile invisible.
J'ai crié dans le vide, et le vide a repris
Celui qui me comblait d'un bonheur indicible.
Depuis, je le retrouve au détour d'un chemin,
Dans le vent qui murmure ou le ciel qui soupire.
Sa chaleur m'accompagne et guide encor' ma main,

Mais son absence lourde a volé mon sourire.
Le remplacer ? Jamais. Aucun autre que lui
Ne saurait en mes jours rallumer cette flamme.
Je reste à ses côtés, captive jour et nuit,
Et c'est là qu'il survit dans mon cœur, dans mon âme.

Si j'étais

Si j'étais un oiseau, je serais l'hirondelle,
Et je fendrais le ciel d'un vol audacieux,
Pour t'apporter, la paix, ma tendresse éternelle,
Dans l'éclat matinal d'un horizon joyeux.
Je serais sans bagage, emportant sur mon aile
Mes projets d'avenir et mes rêves d'enfant,
Le parfum d'un été, l'espoir qui nous rappelle
Du printemps le retour, par mon vol triomphant.
La perle de rosée au cœur d'une corolle,
Offrant son pur éclat sous l'or d'un tendre jour,
Me désaltèrerait mieux qu'un nectar frivole,
J'y goûterais l'attrait infini de l'amour.
Je bâtirais mon nid tout près de ta fenêtre,
Perché dans un recoin d'où je pourrais veiller
Sur ton souffle apaisé, sur tes gestes, peut-être,
Où que ton regard ne puisse me deviner.
Pour toi, je cueillerais les notes angéliques
Des cantiques joyeux aux accents cristallins.
Ils chasseraient au loin tes airs mélancoliques

Et garderaient ton cœur des tourments assassins.
À l'ombre d'une étoile, au fil de tes nuits calmes,
J'inspirerais pour toi des rêves inouïs,
Pour orner ton sommeil de lumineuses palmes
Et veiller sur ton âme aux secrets infinis.

L'absent

Dans le creux d'un vallon, au pied de la montagne,
Que tapissent en chœur marguerites, bleuets,
Je vais droit devant moi ; seul le vent m'accompagne,
Les échos de mes cris restent sourds et muets.
Les ombres des grands pins glissent sur la clairière,
Un souffle tiède court, sans apaiser mon cœur.
La source à mes côtés, d'une voix régulière,
Absorbe en vain mes pleurs, ma peine et ma rancœur.
Je scrute l'horizon, ce rideau d'indolence
Qui cerne mon errance et m'enferme à jamais.
Un gîte dans ce val comblerait ton absence,
Mais nul abri ne vient consoler mes regrets.
Mes cheveux sont épars, j'ai l'air d'une insensée,
Effrayant les oiseaux qui cessent leurs ébats.
Leurs chants se sont tus face à ma voix oppressée,
Et la tourmente gronde au rythme de mes pas.
Et tout autour de moi, la nature morose
Montre son impuissance à bercer ma douleur.
L'éclat de ses couleurs s'éteint, se décompose,

Comme si le chagrin atteignait chaque fleur.
Je marche ainsi, sans but, la nuit déjà s'avance ;
Personne ne pouvant m'offrir le réconfort,
Du chagrin désormais j'accepte la sentence,
Comment vivre à présent en sachant qu'il est mort ?

La banlieue

Un grand mur de béton vient arrêter ma vue
Seul le sommet d'un arbre émerge de la rue,
Égayant quelque peu ce sinistre horizon
Où se dressent les tours aux silhouettes sombres.
Cet ensemble suggère une cour de prison.

Derrière les rideaux, je devine des ombres
Celles des habitants qui vivent en grands nombres
Dans ces appartements s'étageant par milliers.
Pour la première fois, j'éprouve de la crainte
Mais, tous ces gens, bientôt, me seront familiers.

D'une grande langueur je suis parfois atteinte,
De ce cadre aux tons froids, le ciel a pris la teinte,
Celle de temps couvert, gris clair ou gris foncé.
Qui me fait regretter mes marches sur la lande.
Dans l'angoisse et l'ennui mon cœur s'est enfoncé.

Quand je ferme les yeux, l'odeur de la lavande
Me rappelle le temps où nous allions en bande
Courir dans les genêts et la bruyère en fleur,
Sans savoir que j'irai vivre en une banlieue,
Loin du bord de la mer où la garrigue meurt.

Pollution

Nous ne pourrons bientôt plus aller prendre l'air !
Il est empuanti de vapeurs méphitiques
Et remplit nos poumons de tant de gaz toxiques
Qu'il faudra souhaiter de perdre notre flair.

Nous ne reverrons plus l'eau du ruisseau limpide
Ni les ébats joyeux des carpes, des brochets
Car il devient l'égout charriant des déchets
À l'aspect spumescent, malodorant, fétide.

Les pollueurs de l'eau, les pollueurs de l'air,
Au nom de leurs enfants feront-ils une trêve
Avant de transformer en cauchemar leur rêve
Et notre belle terre en un terrible enfer ?

Le marché

De ma fenêtre j'aperçois,
Sous la halle, les villageois
Qui se sont levés à l'aurore
Pour proposer les samedis,
Tomates, salades, radis
Et bien d'autres produits encore.

Ils arrivent quand point le jour
Puis, ils étalent tour à tour
Le contenu de leur voiture.
Le coffre n'est pas toujours plein
Des légumes de leur jardin
Soumis à la Dame Nature.

Chacun d'entre eux semble attaché
Fermement au petit marché
Mais sans penser à la recette,
Cela, nous l'avions bien compris.
Avec les clients, leurs amis,
Ils viennent faire la causette.

Le retour du loup

Le loup haï, le loup banni
Qui terrorisait notre ancêtre
Vient soudain de réapparaître,
Et fait encor parler de lui
Qui fut aperçu sous un hêtre.

Au bourg, dans l'unique café,
Sa présence crée un malaise,
Chacun formule une hypothèse
Sur le canidé redouté,
Assis au bar, sur une chaise.

« Il peut s'agir d'un chien errant
Museau pointu, robe grisâtre… »
Mais la patronne opiniâtre
N'a pas un propos rassurant
Et son teint devient olivâtre.

Alors grandit l'émotion.
Dans la plaine et sur la montagne
Rapidement la terreur gagne
L'entière population,
On le connaît à la campagne.

Mais pour les citadins nombreux,
Vivant loin et qui le défendent
Il est celui qu'on vilipende
Plus à plaindre que dangereux,
Un simple sujet de légende.

L'épouvantail

Les membres décharnés, raide comme un bâton,
Il a l'air d'un pendu venu de Montfaucon.
Les bras horizontaux, dominant la nature,
L'épouvantail surveille avec désinvolture.
Si les restes de l'homme attirent les corbeaux,
Celui-ci sans effort, repousse les oiseaux.
Les vêtements troués, son chapeau sur la tête,
Serait-ce un naufragé sorti de la tempête ?
Il sème la terreur parmi le monde ailé
Qui n'ose se poser sur les épis de blé.
Le vent fait s'agiter sa longue silhouette,
Il tourne un peu sur lui comme une girouette.
Sur sa jambe de bois, fixé solidement
Demi-dieu, demi-homme au regard angoissant,
Tel un masque africain défiant l'invisible,
 C'est son aspect humain qui le rend invincible.
L'épouvantail hideux, fait naître la frayeur
Heureux celui qui passe, ici, sans avoir peur.
Mais après les moissons aura-t-il sa médaille ?
 Il finit dans le feu, le brave homme de paille.

Les chevaux de trait

Corps massif et pattes trapues
Ils ne sont pas très élégants,
Et n'ont pas de fières tenues
Pour s'en aller aux champs.

Mais ce sont des chevaux de race
Breton, comtois, ou percheron
Dont l'espèce reste vivace
Chez nous dans l'Aveyron.

Autrefois, ils firent leur preuve
En secondant l'homme au travail
Par tous les temps, qu'il vente ou pleuve…
Traités comme bétail.

Ils ne remplissent pas la bourse
Aujourd'hui de nos éleveurs
Ainsi que ceux des champs de course,
Plus rémunérateurs.

Pour imiter ceux de la ville
On les présente à des concours
Devant les jurés, ils défilent
Dans leur robe de velours.

Chacun d'entre eux est la vedette
Mais en dépit de leur succès,
Ils ne se prennent pas la tête,
En vrais chevaux de traits.

Que faire du sapin ?

La fête terminée, à présent le sapin,
Le roi de la forêt, dépourvu de dorure,
De guirlandes d'argent au ton diamantin
Est nu sans sa parure.

Lui, qui portait si bien une étoile à son front,
Objet d'attention et de sollicitude,
De ceux qu'il réjouit va-t-il subir l'affront ?
Ah ! Quelle ingratitude !

Et le beau résineux se révèle encombrant
On s'interroge en vain « Mais comment s'en défaire ? »
Au sort qu'on lui réserve, on reste indifférent,
Surtout la ménagère.

Il ne va pas finir sur le bord du trottoir
En déchets ménagers, pas plus qu'à la scierie.
Au bout de quelques jours, il meurt au dépotoir,
À la déchetterie.

Les brebis

Depuis plus de vingt ans, sur l'agenda des fêtes,
Un dimanche de juin célèbre les brebis
Et le matin, dès l'aube, elles sont déjà prêtes
À défiler devant les flâneurs ébaubis
Qui viennent de la ville
Les voir marcher en file.
Dans un gai tintement de clochettes, grelots,
Suivant docilement le chien qui les devance,
Elles font tressauter les pompons sur leur dos.
Et, leur flot moutonneux, tranquillement s'avance
Sans peur des étrangers,
Guidé par les bergers.
La musique, les cris, les applaudissements
Leur feront regretter la paix du pâturage.
Pour le quitter il faut de grands événements
Ainsi que celui-ci : la fête du village.

De ma fenêtre

De ma fenêtre, le matin,
Je vis les fleurs de mon jardin
Se dresser raides sur leur tige,
Le printemps, auteur du prodige
Venait de renaître soudain.

Les étamines dans l'écrin
Fait de pétales de satin :
Ô quel beau spectacle ! me dis-je,
De ma fenêtre !

Sur la rose ou sur le lupin
L'abeille cherche son butin.
De l'une à l'autre elle voltige,
La qualité du miel l'exige.
Et j'éprouve un plaisir certain
De ma fenêtre.

Les agneaux

De leur enclos natal, on vient les arracher,
Des mamans, leur regard ne peut se détacher ;
Quelques coups de bâton leur font franchir la porte,
Sans comprendre comment, le camion les emporte.
Les animaux serrés dans cet espace noir,
À l'air irrespirable, ont perdu tout espoir
De connaître, à leur tour, l'herbe du pâturage
Où les brebis aimaient à paître sous l'ombrage.
Leurs bêlements plaintifs n'atteignent pas le cœur
De l'homme, indifférent, honnête transporteur,
Insensible à leurs voix qui frôlent l'hystérie.
Ils vont à l'abattoir puis à la boucherie.

Notre pitié s'envole au cours d'un bon repas
Car, au petit agneau nous ne penserons pas.
Du gigot succulent qui remplit notre assiette,
On va se régaler sans laisser une miette …

La truffe notre avenir

La truffe, un champignon que le gourmet estime,
Que dans le Périgord on appelle l'or noir ;
Ainsi que ce métal, un produit rarissime
Pouvant rendre à lui seul, aisé notre terroir.

On dit que les silos sont pleins de céréales,
Que le maïs s'avère un trop grand buveur d'eau,
Pour éviter la mort de nos zones rurales
Pourquoi ne pas produire un aliment nouveau ?

Les producteurs devront changer de stratégie,
Trouver d'autres moyens, se mettre au goût du temps.
Le blé va devenir la nouvelle énergie
Et nous nous chaufferons avec les excédents.

Bientôt nous ne verrons plus de champs en jachères
Car, avec le concours des esprits novateurs,
Ils seront transformés en immenses truffières.
La truffe est l'avenir de nos agriculteurs.

Le rêveur

Cheveux au vent, porté par la fureur des eaux,
Il a quitté le port, le poste d'amarrage
Et, sur son frêle esquif, il lutte avec courage
Pour atteindre la rive où croissent les roseaux.

Ses appels de détresse arrivent aux oiseaux
Pique-bœufs des zébus, dans un vert pâturage ;
Les femmes le prendront plutôt pour un mirage
Entrevu sur la berge en remplissant leurs seaux.

On ne distingue plus qu'un petit bout de voile
Du rêveur qui croyait attraper une étoile
En suivant le ruisseau pour atteindre la mer.

Il ressemble au poète, ayant crié victoire,
Mais qui touche le fond dans un échec amer
Alors qu'il se voyait déjà couvert de gloire.

Le vieux village

Le village s'agrippe au flanc de la colline,
Le groupe de maisons se fond dans le rocher.
Au lever du soleil, la croix qui le domine
Scintille faiblement au faîte du clocher.
Le lierre a recouvert les pierres apparentes.
Les touches de couleur des grappes d'amarantes
Ajoutent au tableau des notes de gaîté.
Le silence est le roi de ce vaste domaine,
Un temple où la nature agit en souveraine,
Monde où le temps s'est arrêté.

Une terre d'accueil au cœur de grands espaces,
Un lieu chargé d'histoire, un hymne à la beauté,
Où la nature en fleurs ne craint nulle menace,
Un petit paradis frôlant l'éternité.
Les pierres sont un livre. En tournant chaque page,
Je retrouve aisément le passé du village.
J'aime me ressourcer au sein de ce décor
Dont je goûte à loisir la douce, poésie,

Loin du monde infernal, loin de sa frénésie.
Survivra-t-il longtemps encore ?

Ce village, mourant de façon naturelle,
Je ne sais pas pourquoi, m'attire et me séduit.
Et j'y reviens souvent, parce qu'il me rappelle
Celui cher à mon cœur que la guerre a détruit.
Je me souviens encore de la première bombe,
Des femmes, des enfants, qui s'enfuyaient en trombe,
En désordre, hagards, évitant les obus.
D'autres trouvaient refuge, au sous-sol, dans les caves.
Non, à ce moment-là, nous n'étions pas très braves,
Apeurés, affamés, fourbus.

Le beau panache blanc, sortant des cheminées,
Symbole de la vie et l'âme des maisons,
Ne s'en échappe plus, depuis bien des années,
Dans l'âtre, désormais, sont éteints les tisons.
Mais je ne serai pas celle qui les oublie
Sachant que le présent à ce passé me lie.
Je garde les yeux clos pour conserver l'émoi
Du village qui reste au fond de ma mémoire,
Dont chacun d'entre nous, doit connaître l'histoire
Et qui vivra toujours.

Éphémère

Rigide et se haussant sur sa tige épineuse,
Doucement, elle oscille, offrant sa majesté,
Arrogante, hautaine, altière, orgueilleuse,
Du muguet, du lilas estompant la beauté.

La perle de rosée, au fond de son calice
Aux premières lueurs, pure comme un cristal
Offre son hydromel que boit avec délice,
Dès le lever du jour, un papillon royal.

Le déclin du soleil absorbant la lumière,
Elle perd son éclat qui tous nous éblouit,
Son port majestueux et son allure fière,
Elle est reine le jour, anonyme la nuit.

Par un ciel orageux, évoquant la tristesse,
Un vent fou déflora la rose de satin
Qui n'a pu qu'un instant, conserver sa jeunesse,
Elle n'existait plus le lendemain matin.

Bien souvent, je repense à la rose éphémère.

J'ai vécu des beaux jours, mais inconsciemment,

Recherchant l'inconnu, poursuivant la chimère

Mais sans apprécier, le bonheur du moment.

Heureux moments en famille

Gardons le souvenir des minutes tranquilles,
Où nous étions tous rassemblés,
Autour du père, ainsi que des moutons dociles,
Au temps où mûrissent les blés.
Sur une couverture, assis dans l'herbe fraîche,
La tête frôlant le museau,
D'une vache paissant, près de nous, l'air revêche,
Tandis que chantait le ruisseau.
Quel spectacle plus doux qu'une telle famille,
Réunissant petits et grands,
Lorsque venait l'été sous le soleil qui brille
En réchauffant les grands- parents.
Les petits ont grandi, pris leur indépendance,
Ces enfants aux rires joyeux,
Un jour nous ont laissés, chargés d'insouciance,
Vivre sans doute un peu pour eux.
Ils reviendront pourtant, l'âme douce et paisible,
Vers le seuil de notre maison,
Peut-être en ignorant la douleur indicible

Qu'on taira sous un doux pardon.

Déjà, on se surprend à guetter à la porte

Les pas de retour attendus ;

Le cœur lourd de prière et l'attente qui porte

L'espoir de les voir revenus.

Un grand souffle d'amour, de bonheur nous inonde,

Pour partager d'heureux moments,

Hélas ! Les grands-parents, partis dans l'autre monde

Ne pourront les serrer entre leurs bras tremblants.

La maison au fond des bois

Une maison perdue, au fond de la forêt
Surgit lorsqu'on atteint brusquement la clairière,
Le rideau de sapins s'ouvre sur la lisière
Et la ferme apparaît.

C'est ici qu'habitait jadis une famille,
Isolée, en goûtant au mieux la paix des champs
Que l'aïeul évoquait avec des mots touchants,
S'adressant à sa fille.

Comment vivaient les gens, étaient-ils malheureux ?
Leurs lèvres ne laissaient échapper nulle plainte
Se contentant de peu, sans vivre dans la crainte
Des moments douloureux.

Une vache, un cochon, un petit coin de terre
Suffisaient à fournir la source d'aliments.
La maman se privait, afin que ses enfants
Ignorent la misère.

Ils s'en allaient très tôt, à travers les sapins,

Le matin et le soir pour se rendre à l'école,

Plus d'une lieue à pieds. Ah ! ce n'était pas drôle

Pour de jeunes gamins.

Ne subsiste à présent que de l'herbe tenace

Qui petit à petit recouvre les cailloux,

D'antiques framboisiers quand revient le redoux

Témoins du temps qui passe…

Premier janvier 89

Le matin du 1er janvier
La nature est toute en dentelle.
Chaque branche du peuplier
Est devenue une chandelle.
Et partout jusqu'au bord du toit
On voit pendre des stalactites,
Gouttes d'eau prises par le froid
Ce sont ses ruses favorites.
Le givre, ainsi qu'un joaillier,
A monté mille diamants
Sur les fils qui font des colliers
Scintillant sur le firmament.
Hélas ! Il fera bientôt chaud
Leur existence est éphémère
Et le paysage si beau
Va redevenir ordinaire.

Dilemme

Derrière mes volets, un couple d'hirondelles,
Dans l'ardeur du printemps, vint construire son nid
Et je dus délaisser ma fenêtre pour elles,
Pour ne pas perturber l'éclosion des petits.

Je contemple de loin leur menue entreprise,
Pour que naissent bientôt de tendres oiselets.
Déjà l'été s'annonce, alors mon cœur se brise
Car, pourrai-je partir, sans fermer les volets ?

Les voir ainsi créer m'émeut et m'émerveille.
L'approche du départ, cruel pressentiment !
Ma tristesse s'accroît tandis que mon oreille
Savoure chaque jour leur beau gazouillement

Je m'interroge sur le choix de ma demeure,
Quand d'autres abris sûrs auraient pu les charmer.
Le couple, insouciant, ignore que je pleure
Car mes volets, bientôt, je devrai les fermer.

Mais parmi des milliers, pourquoi sur ma fenêtre
Vouloir donner la vie aux fragiles petiots ?
Le temps fuit, et déjà, le remords me pénètre.
Serai-je cet été, cause de leurs sanglots ?

Le jardinier paresseux

C'était un jardinier, aimable et bienveillant,
Le gardien des secrets qui soignent chaque plante ;
Il savait les charmer, d'une voix douce aimante.
Mais il dut les quitter, après un accident.

L'herbe folle dansa sur les sentiers herbeux,
Les fleurs à l'abandon pleuraient sous la rosée ;
Puis, le remplaçant vint, l'attitude blasée,
Qui dénonçait sans peine un homme paresseux.

Le beau jardin devint un vrai champ de bataille,
Les fleurs, avec colère, appelaient au secours,
Leurs cris de désespoir lancés aux alentours
N'émeuvent pas celui qui ne fait rien qui vaille.

Sous les lilas ombreux, il fumait sans remords,
Fatigué sans rien faire, ignorant les corolles.
Par son incompétence aux travaux horticoles,
Il décevait les fleurs, unissant leurs efforts.

De l'ancien jardinier il n'a pas la prestance,
Ni l'esprit travailleur, ni le sens du devoir,
Agissant à son gré, du matin jusqu'au soir,
Alors pour le punir que la fête commence !

Le liseron, sournois, lui fit des croche-pieds,
La rose lui piqua les doigts de ses épines,
Et la gueule de loup entrouvrit ses babines
En laissant s'échapper des guêpes par milliers !

Il quitta le jardin où la nature gronde.
Vaincu par ce complot, qu'il n'avait pas prévu,
Il prononça ces mots, sans être interrompu :
« Je vais chercher ailleurs ma place dans ce monde ! »

La tristesse du cochon à Noël

Un jour un vieux cochon m'a dit,
Avec les yeux remplis de larmes :
« Je suis un animal maudit,
Il me faudra prendre les armes.

Refrain

C'est la révolte des cochons
Plus de jambon, plus de saucisse
Ni de boudins, de saucissons
Il faut que les cochons s'unissent.

L'unique cause de mes maux
Viendrait-elle de mon physique ?
Je suis le seul des animaux
Absent du parc zoologique.

Une queue en tire-bouchon,
On me l'envie, inégalable,
Signe distinctif du cochon,
Personne n'en a de semblable.

Le chagrin me vient à Noël.
J'aimerais, sur la paille fraîche
Ce jour de fête, universel,
Avoir ma place dans la crèche.

Aucun enfant ne nous connaît
Car si nous étions en peluche
Ils délaisseraient leur jouet,
Feraient de nous leur coqueluche.

Non, tout cela n'est pas normal,
On nous dénigre on nous accable.
Haïs vivants, morts, un régal
Car on nous aime sur la table.

Je voudrais que le genre humain
Réalise notre détresse
Et je souhaiterais, qu'enfin
Comme leur chien, il me caresse. »

Le bout du monde

La petite maison, au bord de la falaise,
Où nous sommes allés pour y faire un séjour,
Pour goûter le silence et méditer à l'aise,
Me fait rêver la nuit, me fait rêver le jour.

Elle serait assez vaste pour deux personnes ;
Si ces lieux reculés ne te font pas trop peur,
Partageons ce logis, passons-y nos automnes,
Les vagues rythmeront nos battements de cœur.

Je saurais dans tes yeux, où le ciel se reflète,
Si les nuages sont balayés par les vents,
Du vert passant au gris quand souffle la tempête,
Ainsi qu'un baromètre, ils prédisent le temps.

Mais à te retenir je ne dois pas prétendre,
Quand la mer serait calme, alors tu partirais
Et je passerais là, des heures à t'attendre,
Espérant ton retour, comme aujourd'hui je fais.

Tristesse

Mars, de retour, m'incite à la mélancolie,
Évoquant la jeunesse, un lointain souvenir
Que nous aurions voulu tant pouvoir retenir ;
Mais nous voilà, tels que l'arbre qui s'exfolie.

Dans un livre j'avais conservé l'ancolie,
Témoin du temps où nous parlions de l'avenir,
Où l'amour avait su comment nous réunir.
Cette fleur me rappelle un serment qui nous lie.

La vieillesse est venue, à quoi bon larmoyer ?
Sur notre sort, cessons de nous apitoyer
En faisant des douleurs un bien triste étalage.

Surtout, si les enfants ne viennent plus nous voir,
Ne les obligeons pas, en raison de notre âge,
À se rendre chez nous par pitié, par devoir.

Saint Valentin

Aujourd'hui, tous les deux, fêtons Saint Valentin,
Te rappeler ce jour n'était pas nécessaire
Car il marque celui du bel anniversaire,
Du coup de foudre qui scella notre destin.

Recevant ce bouquet de roses de satin,
L'émotion m'étouffe, alors, mon cœur se serre
En pensant au jeune homme, amoureux fou, sincère,
Qu'en allant travailler, j'aperçus un matin.

Notre existence fut un long et beau poème,
Car les mauvais moments s'effacent quand on s'aime,
On voit la vie en bleu, rien ne va de travers.

Est-ce que tu liras les mots que je t'adresse ?
Ils sont moins enflammés que ceux des premiers vers
Parce que mon amour fait place à la tendresse.

L'invitation

Nous sommes invités, ce soir chez des amis,
Nous allons perdre un peu de notre quiétude
En quittant la maison où tout nous est permis
Et pour un laps de temps changer notre habitude
Qui nous mène tout droit au divan du salon.
Quel effort pour sortir de ce douillet cocon !
Puis c'est le branle-bas, très vite on se prépare.
Du placard est sorti le plus beau vêtement.
Nous espérons pouvoir passer un bon moment
Quitter notre foyer est une chose rare.

Station prolongée en face du miroir,
Pour rafraîchir le teint, un peu de maquillage.
Je cherche vainement dans un fond de tiroir
Le fard miraculeux qui cachera mon âge.
Monsieur vient d'enfiler un nouveau pantalon,
« Quelles chaussures mettre ? Il est un peu trop long »…
Depuis longtemps déjà, j'attends dans la voiture.
Je l'entends grommeler en cherchant ses papiers.
Il marche lentement car il a mal aux pieds
Et son col ajusté le met à la torture.

L'hôtesse avait bien dit : vingt heures moins le quart !
Nous voici, nous voilà mais, les autres convives
À table sont passés, nous sommes en retard,
Terminé le hors d'œuvre, ils attaquent les grives.
Il nous faut peu de temps pour rattraper le train :
« S'il vous plaît faites-moi passer un bout de pain ! »
Sans faire de manière, à la bonne franquette
Avec de bons amis à quoi bon se gêner.
L'un dégrafe un bouton, il peut s'abandonner
Pour terminer bientôt assis sur la moquette.

Quand les coups de minuit viennent de retentir,
Somnolant à demi, mon voisin se réveille,
Ravale sa salive : il faut déjà partir ?
Tandis qu'un autre va terminer la bouteille.
Sur le pas de la porte nous disons au revoir,
Il fait frisquet dehors et le ciel est bien noir.
On se serre la main, une dernière bise.
Hors du seuil doucement est poussé le bavard.
Mais s'il parle beaucoup, ce n'est pas par hasard,
Son crâne dégarni lui fait craindre la bise.

Jour des morts

Les cimetières vont bientôt reprendre vie
Lorsque arrive novembre et la fête des morts,
Chacun va s'incliner sur la tombe fleurie,
Sur l'être cher ainsi que s'il vivait encor.

On montre son amour aux âmes disparues
Pourtant, le faisions-nous quand elles étaient là ?
Elles venaient nous voir ou passaient dans les rues,
Fille, parente, amie… on ne les voyait pas.

Hélas ! Trop tard, on veut revenir en arrière,
Ils sont morts à présent ! On voudrait leur parler
Quand ils dorment en paix au fond du cimetière.
Pour exister faut-il dans la mort s'en aller ?

La tombe restera l'orgueil de la famille,
Il arrive qu'un jour plus personne ne vient,
Puis les restes de fleurs sur le sol s'éparpillent,
Ne subsiste qu'un nom et bientôt rien, plus rien.

Que cette fête puisse autour des tombes chères

Resserrer les liens entre tous les vivants.

Surtout n'attendons pas qu'ils dorment sous la pierre

Pour les voir, les aimer, leur parler plus souvent.

Les châtaignes

Dans une bogue entrebâillée
Et de beaux piquants, hérissée,
Les châtaignes naissent par trois
Tout au fond de leurs nids étroits.
Bien à l'abri dans leurs cachettes
Aux dangers, les voilà soustraites
Et toutes en sécurité
Elles sembleraient nous narguer.
Car elles savent se défendre
Pour nous empêcher de les prendre !
Elles se disent en tapinois :
« Nous allons vous piquer les doigts ! »
Les ramasseurs savent bien faire,
Pour les sortir de leur tanière
En frappant à coups de bâton
Ou bien s'aidant de leur talon.
Ainsi leurs moyens aboutissent
Pour que les paniers se remplissent.
Alors, au diable l'embonpoint
Et mangeons les fruits cuits à point !

Complainte de la fée

Il n'existe à présent, plus de roi ni de reine
Qui voudrait que je sois de leur fille marraine.
Je ne sais plus à qui distribuer mes dons
Et je recherche en vain de pauvres Cendrillons.
J'ai mis dans un tiroir ma baguette magique.
On n'apprend aux enfants que méthode et logique,
J'appartiens au passé, tous me tournent le dos
Car c'est dans le futur qu'ils aiment les héros.
Si j'avais pu poser dans un grand magazine,
On aurait vu mon nom, en très gros « Mélusine »,
Mon visage encadré de cheveux scintillants,
En habit de soleil, parsemé de brillants.
Mais je ne rentrerai même pas dans l'histoire !
Aux contes, de nos jours, personne ne veut croire
Celles de notre race sont rares, tandis
Qu'à présent, on en trouve une en chaque logis.

La mort du cochon

D'une minute à l'autre, on attend le saigneur.
Le cochon, dans la soue, est de mauvaise humeur,
Ignorant que pour lui, dans la cour, on s'affaire.
Ce jour, il connaîtra, la montée au calvaire.
Quand il entend du bruit, que la fermière vient,
Le pauvre condamné ne se doute de rien.
Il va, le souffle court sur ses pattes fragiles
Vers le lieu du supplice à petits pas tranquilles.
On le pousse, on le tient, trop tard ! Il a compris.
On l'attache, il résiste en poussant de grands cris.
Puis, bientôt le sang gicle au fond d'une bassine,
Liquide bouillonnant de couleur purpurine.
L'acte réalisé l'espace d'un éclair,
On ne demande pas : « est-ce qu'il a souffert ? »
Sont-ils apitoyés par la bête mourante ?
On l'étend sur la paille et, vite, on l'ébouillante.
Il enlève les poils, le saigneur, accroupi,
Bien avant que le corps ne se soit refroidi.
Il a fendu le ventre, il a coupé la tête,
Il est mort le cochon ! Que commence la fête !

La chèvre mécontente

En étant gentille à souhait
La petite chèvre a beau plaire
Et donner des litres de lait
Hélas ! Elle se désespère.
On la voit petit à petit
Perdre du poids et l'appétit.
Pour son maître quelle tristesse !
Il ne peut que s'interroger :
Elle refuse de manger
Et, parfois, même sa caresse.

On sent au fond de son regard
Que la dépression la guette,
Rêverait-elle de départ ?
Que se passe-t-il dans sa tête ?
Si la chèvre pouvait parler
Elle pourrait se confier
Chevroter d'une voix émue
Et nous ne serions pas surpris
Qu'elle jalouse la brebis
Car elle n'a pas de statue.

(À Réquista la brebis a sa statue)

Le Matin

Le matin me paraît le moment le plus beau !
Le soleil se levant, qui joue au chef d'orchestre,
Agite ses rayons.
Alors, les papillons
Incontestables dieux de l'univers agreste
Se posent sur les fleurs,
Mariant leurs couleurs
À la diversité de celles des pétales
Pour en elles se fondre, aviver les tons pâles
Et faire du jardin un sublime tableau.

Le spectacle au lever n'est pas toujours le même,
Il dépend chaque jour de la teinte du ciel,
Du nuage qui passe,
Du soleil qui se lasse
D'offrir une clarté de la couleur du miel.
Mes sens sont à l'écoute
Et, souvent je redoute
Que s'étende sans fin l'univers du béton
Qui, petit à petit, gagne sur le gazon
Pour annoncer la mort de ce jardin que j'aime.

Fête de la brebis

Oui, depuis quelque temps, sur l'agenda des fêtes,
Un dimanche de juin célèbre les brebis
Qui, le matin dès l'aube, à défiler sont prêtes
Pour le plus grand plaisir des flâneurs réjouis.
Ils sont venus de loin quittant la grande ville
Pour les voir, dans le bourg, s'échapper de la file !
Un tintement joyeux de clochettes, grelots,
Annonce le troupeau qui lentement s'avance.
À la tête, les chiens, vainement, se dépensent :
Elles foncent dans les bistrots !

Mener cinq cents brebis s'avère difficile.
Des bergers compétents, des hommes de terrain,
Afin de traverser sans encombre, la ville,
À l'aide du bâton, doivent veiller au grain.
Au centre, sans flonflons et sans cérémonie,
La troupe des ovins par le prêtre est bénie.
La musique, les cris, les applaudissements,
Leur feront regretter la paix du pâturage.
Il faut participer à la fête au village
Ainsi qu'aux grands événements !

Rêverie

Devant le portail clos d'une antique demeure,
Sous un feuillage épais,
À l'abri des regards et, sans voir passer l'heure,
Au temps je me soustrais.
Fermant presque les yeux, alors, je m'imagine
La dame du manoir, en robe à crinoline,
Et son froufrou léger qui caresse le sol.
Derrière la fenêtre,
Elle vient d'apparaître
Et tout à coup s'enfuit pour prendre son envol.

L'image a disparu, je redescends sur terre,
Je fais encore un pas ;
L'isolement des lieux renforce le mystère,
Non, je ne rêvais pas.
Soudain, j'entends jaillir des notes de musique
Qui font sur moi l'effet d'un fort anesthésique.
Mais serait-ce une main qui bougeait les rideaux ?
Sur une vitre sombre,
Se reflétait une ombre,
Ce n'était que la brise agitant des rameaux.

L'étoile

Voulant réaliser le rêve d'un gamin
Qui croyait que le ciel est une immense toile,
Pensant qu'il suffisait de déployer la main
Naïve, j'ai voulu décrocher une étoile.
Quel désappointement lorsqu'un nuage noir
En l'éclipsant soudain m'enleva tout espoir !
Alors, je m'endormis en rêvant de comète,
De lune et de soleil ou d'astres fabuleux.
Et, pour ne pas quitter ce monde nébuleux,
Un jour, j'ai résolu de devenir poète.

Les étoiles sont là, très hautes dans le ciel,
Lorsque je tends la main pour saisir la plus proche,
À l'éclat aussi vif que celle de Noël,
 Elle s'évanouit, s'enfuit, à mon approche.
Je ne me soumets pas à la réalité
Qui ne m'offre souvent que de l'austérité.
J'ai beaucoup voyagé, vu d'autres paysages,
À mon gré, j'ai tout fait pour changer d'horizon.
Ne se laissant jamais guider par la raison,
Mon esprit est toujours resté dans les nuages.

Le jardinage

Solitaire, affairé, le jardinier travaille,
Accroupi sur le sol, sous un chapeau de paille.
Il semble l'épiler de ses doigts engourdis
En arrachant chiendent, liserons, herbes folles,
Insensible au soleil tombant sur ses épaules,
Les ongles noirs de terre, il nettoie un semis.

Sur son front en sueur, sa main passe et repasse
Mais ce geste furtif sur lui, laisse une trace,
Car il n'a pas le temps de sortir son mouchoir
D'une étoffe à carreaux de sa poche béante.
Quand il trouve, parfois, sa tâche fatigante,
Sur son arrière-train, son tronc se laisse choir.

Qu'importe, si la boue a souillé sa figure,
Il aime le contact avec Dame Nature
Qu'il serre sur son cœur, qu'il implore à genoux,
Qu'il gave de fumier, que le soir il arrose
Avec beaucoup d'amour et l'art d'un virtuose
Afin qu'elle lui donne : ail, petits pois et choux.

Il lui parle à voix basse et sans aucune honte,

Personne ne saura jamais ce qu'il raconte…

Rouge, la tête en feu, le dos, les reins meurtris.

Les fourmis dans les pieds le rappellent à l'heure,

Et le jardinier, las, se dit en sa demeure :

« Il faut savoir souffrir pour avoir des radis ! »

Le petit âne

Sur la route montante, un petit âne gris
Tire une pauvre carriole.
Il fait tout ce qu'il peut, obéissant aux cris,
Aux méchants coups de fouet qui sur son dos s'envolent.
Du conducteur brutal ne se voit que la main,
La main droite ridée autant qu'un parchemin
Et qui, nerveusement, sur les rênes s'agrippe.
La gauche prendra le relais,
Dans un claquement du palais,
Tandis que de sa bouche il ôtera la pipe.

Le ruban du chemin, à travers la forêt,
Lentement se déroule.
Le petit âne gris au galop, sans arrêt
S'est figé brusquement, sur ses pattes s'écroule.
Alors un homme en noir, au visage barbu
Donne des coups de pieds à l'animal fourbu
Qui péniblement, mais, docile se relève.
Aux ordres du roulier,
Il part sans sourcilier.
L'incident n'a duré qu'une minute brève.

Tout le village attend l'affûteur de couteaux,
Le rémouleur, comme on l'appelle.
Sa réputation d'aiguiseur de métaux,
Son art, font accourir de loin la clientèle.
Chacun semble ignorer le petit âne gris,
A-t-il soif ? A-t-il faim ? Il est seul, incompris.
Les villageois nombreux près du maître s'affairent
Autour de lui formant un immense éventail ;
Après un coup de rouge, il se met au travail
Et, sur la meule il montre à tous son savoir-faire.

Le petit âne gris voudrait être choyé,
Il aimerait qu'on le caresse,
Recevoir un mot doux, sans être rudoyé
Et qu'on lui manifeste un peu plus de tendresse.
Il s'est toujours montré, gentil, obéissant,
Afin de satisfaire un maître tout puissant.
Soumis, fidèle, en tout l'âne se subordonne.
Il a beau se décarcasser,
Il n'en fera jamais assez.
Mais à cet homme ingrat, chaque jour il se donne.

Invasion

Brusquement la nuit tombe et le soleil se cache,
En laissant, sur le sol, une faible lueur
Qui ne veut pas mourir, que le brouillard attache ;
Cette atmosphère lourde est propice au rôdeur,
Qui sort au clair de lune,
Pas pour chercher fortune,
Mais assouvir sa faim parfois jusqu'au dégoût ;
Et, tapi dans le noir, il convoite sa proie
Parmi les détritus, ensuite, se l'octroie.
Après un bon festin il rejoindra l'égout.

Dans la rue, à minuit, tout dort, pas même l'ombre
D'un passant qui serait à cette heure, attardé ;
Et, dans l'obscurité, toute la ville sombre.
De la lune, un nuage, occulte la clarté.
Un pas imperceptible,
Une attente pénible …
Des rongeurs par milliers… Serait-ce un cauchemar ?
Dans un glapissement, s'abat sur la poubelle
Qu'il convoitait avec des rats en ribambelle,
Venus des alentours, un superbe renard !

La jument

Quelques chevaux de trait, maintenant au repos
Subsistent car il faut, en préserver la race.
Libres d'aller, venir, heureux dans leur enclos,
Bien nourris, crin tressé, chacun d'eux se prélasse.
Toujours gaillards, ils font l'œil doux à la jument
Qui dans le pré voisin, gambade fièrement,
Rivalisant avec les plus belles femelles.
Elle broute un brin d'herbe et se mire dans l'eau.
Les oiseaux gazouillant tout le long du ruisseau,
L'acclament en battant des ailes.

Depuis que le tracteur, la grande nouveauté,
Remplace les chevaux, ceux-ci sont en vacances.
Et la belle jument goûte la liberté
Parce que des labours, elle a des souvenances.
Sachez qu'elle est la star, au moment des concours.
Le jury l'apprécie, elle gagne toujours.
Mais, depuis quelques mois, une ombre l'accompagne
Et ne la quitte plus. C'est un gentil poulain.
Tandis qu'à son petit, elle fait un câlin,
L'amour flotte sur la campagne.

La muse envahissante

Quand la Muse soudain, murmure à mon oreille,
Sa voix, d'une douceur à nulle autre pareille,
Me donne le frisson.
Je ne désire pas en percevoir le son
Et, quand elle m'appelle,
Alors, je me rebelle.
Est-ce que je devrais me soumettre à sa loi ?
Va-t-elle encor longtemps contrôler mon émoi ?
La voilà qui m'obsède,
Venez vite à mon aide !
Au dossier de ma chaise, attachez-moi, très fort.
Ôtez papier, stylo, venez en grand renfort.
Sans vous, je vais partir à la dérive,
Elle prendra ma main, je serai sa captive,
J'écrirai, sans répit, des vers qu'on ne lit pas.
« Pourquoi Muse, veux-tu me conduire au trépas ? »

Adieu, poète

Le poète est parti, sans un bruit, ce matin ;
Les moineaux se sont tus sous l'arbre du jardin
Et, dans la cour déserte,
Conscients de leur perte,
Ils pleurent leur ami qui disparaît soudain.

Assis dans son bureau, front posé sur la table,
Dans la main son stylo, près de lui son portable,
Il paraissait dormir.
Dans son dernier soupir,
Il laissait une phrase au sens indéchiffrable.

Brouillon non terminé qui célébrait l'amour
Car, celui qu'on nommait, le dernier troubadour,
Par le biais d'un poème,
Savait dire « je t'aime ».
Hélas ! Ce texte-là ne verrait pas le jour.

.../...

C'est le moment pour lui de déposer sa plume.
Dans les bras de la Muse, il part, sans amertume,
Pour un autre univers.
Que deviendront ses vers ?
Qu'importe ! Dans le ciel une étoile s'allume.

Liste des textes

La poésie
La nuit
Soleil couchant
Dans le parc du château
L'automne arrive
La grillée de châtaignes
La chèvre
Déception
Le papillon
La tonte
Inséparable duo
La cascade
Le jardin dévasté
Le printemps
Le noyau d'avocat
La traite
Fidèle ami
Le jardin secret
 Masques
Le vent
La ronde des fleurs
Les vaches

Rondel
Savoir tout accepter
Le bonheur d'être
L'automne
Fleurs séchées
Le mimosa
Retour du troupeau
Le vieux manoir
La mésaventure du renard
La montagne
Au pâturage
Le banc
Le taureau
Les moineaux
Les crapauds en Afrique
La chèvre
Le sapin
Recueillement
L'atelier d'art, floral
Mon toutou
Escapade
Sortie de printemps
La sécheresse
Autrefois, un moulin
La ronde des saisons
La chaleur

Petit phoque
Un paradis
Le temps
Les propos de la dinde de Noël
La rivière,
Le jardinier, râleur
Souris
La dentelle
Bréhat
Le papillon et la libellule
Le cygne
L'abattage des arbres
Déjà
Le jardinier amoureux
Le vent
Vivement, la pluie
L'ours,
La petite fleur
Le miracle
La rose
La pivoine
Retour du printemps
Le handicap
Soirée d'été
L'automne
La déprime automnale

L'hiver
La neige
La fin de l'hiver
La tempête
Temps de chien pour le pêcheur
Le portail
Jamais content
Nouvelle année
Mon amie
Le lierre
Le lys
La dame aux oiseaux
La belle jardinière
Querelles de voisinage
Le marronnier
Le cèdre de l'amitié
Le vannier,
Nostalgie
La sérénade du crapaud
Mélancolie,
Le loup
En automne
Sacrés moutons !
Au zoo,
Vieux villages
Le refuge du rêve

Premiers frimas
Mon chien
Si j'étais
L'absent
La banlieue
Pollution
Le marché
Le retour du loup
L'épouvantail
Les chevaux de trait
Que faire du sapin
Les brebis
De ma fenêtre
Les agneaux
La truffe, notre avenir
Le rêveur
Le vieux village
Éphémère
 Heureux moments en famille
La maison au fond des bois
1er janvier, 89
Dilemme
Le jardinier paresseux
La tristesse, du cochon à Noël
Le bout du monde
Tristesse,

Saint-Valentin

L'invitation,

Jour des morts

Les châtaignes

Complainte de la fée

La mort du cochon

La chèvre, mécontente

Le matin

Fête de la brebis

Rêverie

L'étoile

Le jardinage

Le petit âne

Évasion

La jument

La muse envahissante

Adieu, poète

Productions de Pierrette Champon - Chirac
Chez Brumerge :

— Le Village fantôme (poésie)
— Le Rapporté
— La Porte mystérieuse
— En avant pour l'aventure
— Du paradis en enfer
— En avalant des kilomètres
— Délire tropical
— De Croxibi à la terre
— Des vies parallèles (propos recueillis)
— Profondes racines
— Cœurs retrouvés
— Apporte-moi des fleurs
— Le Manteau Fatal
— La vengeance du crocodile
— Vers un nouveau Destin
— La Canterelle
— Un certain ballon
— Le pique-nique
— Lettres à ma prof de français
— Une semaine éprouvante
— Revirement
— Rester ou partir ?
— Panique en forêt
— Reste chez nous
— Pour ne pas oublier
— Dans les pas du mensonge
— La poésie du quotidien
— Le trou n°5
— Étonnantes retrouvailles

– La rançon de la bonté
– Immersion en milieu rural
– Que la fête soit « bêle »
– Un étrange bouquet de roses
– Un séjour à la campagne
– Début de carrière mouvementé
– L'oncle surprise de Fanny
– Le secret du puits
– Les avatars d'une rencontre
– La surprise du premier emploi
– Rencontres tragiques
– Une vengeance bien orchestrée

Chez Books on Demand :

– Tragédie au moulin
– Pour quelques euros de plus
– Étrange découverte en forêt
– Les imprévus d'Halloween
– Fatale méprise
– Piégé par un roman
– La surprise du carreleur
– Dans les méandres de la nuit
– Un scénario bien orchestré
– Un nuage est passé
– Loin de la mer et des vagues
– Poèmes

Albums photo aux Éditions le Luy de France

– Il était une fois Réquista (2012)

– Mémoire du Réquistanais Tome 1 et 2

– Réquista, retour vers le passé